女性活躍から始める

HUMAN CAPITAL MANAGEMENT
STARTING BY PROMOTION OF
WOMEN'S ACTIVE ENGAGEMENT

堀江 敦子 Horie Atsuko

人的資本経営

多様性を活かす組織マネジメント

日本能率協会マネジメントセンター

はじめに

　なんだか最近、経営者が**「人的資本」「女性活躍」**について叫び始めたな、どうしてだろう。そんな疑問を感じている人もいるのではないでしょうか。

　また2023年3月期より、有価証券報告書に**人的資本の情報開示**が求められるようになりました。経営者の方や、人事や経営企画に携わる方は、報告対応に追われて忙しくされていたこともあるかもしれません。

　2021年に岸田政権による新しい資本主義実現会議で「人的資本可視化指針」策定の旨が言及されてから、2022年に指針が策定されるなど、人的資本経営に向けての流れは急速に進んできました。とりわけ日本では「人的資本・多様性」をメイントピックスとして取り上げています。

　2023年6月に内閣府から発表された「女性活躍男女共同参画の重点方針2023（以下、女性版骨太の方針2023）」では、**東証プライム市場に上場する企業の女性役員の比率を2030年までに30％以上にする目標**等が掲げられました。

　また有価証券報告書への開示項目[1]として求められている、「人的資本」と「多様性」の中でも、多様性については「女性管理職比率」「男性の育児休業取得率」「男女間賃金格差」と女性活躍関連のテーマが多く挙げられています。

　私は企業向けに女性活躍、ダイバーシティ推進のコンサルティングを実施してきて14年になりますが、ここ数年で女性活躍に関するご相談が急増しました。

1　2022年6月に公表された令和3年度の金融審議会ディスクロージャーワーキング・グループ報告における「サステナビリティに関する企業の取組の開示」「コーポレートガバナンスに関する開示」などの提言に基づき、2023年1月31日に「企業内容等の開示に関する内閣府令」「企業内容等の開示に関する留意事項について（開示ガイドライン）」等が公布、実施された。

今や、女性活躍、ダイバーシティ推進は喫緊の経営課題だと痛感しています。

なぜここまで、日本で女性活躍が取り上げられるようになったのでしょうか。

一言で言うと、**女性活躍から始めたダイバーシティ推進、そして人的資本経営が【企業価値向上】に繋がる**ことが明確になってきたからです。

その背景としては、「社会的な潮流」と「日本の労働環境」、「組織変革」が大きく挙げられます。

社会的な潮流とは、ESG投資の流れからの投資家の目線の変化です。グローバル展開をする上で海外へIR活動をした経営者が、「なぜ御社の女性管理職比率は、これほどまでに低いのか？社員の数やマーケットの比率と比べるとあり得ないのではないか」と指摘をされたというのは、最近よく聴くお話しです。

また**日本の労働環境**とは、皆さんご存知の通り、少子高齢化を起因とした「労働力不足」です。2056年には人口が1億人を切る[2]と推計されています。また、パーソル総合研究所が出した試算では2030年には644万人の労働力が不足[3]すると言われています。

実際に弊社がコンサルをしている会社で、10年後の社員構成を算出してみると、**これからの5-10年で現在のボリューム層である50代が定年になり、若手の20-30代が枯渇してしまい、事業運営自体が難しくなっていく状況**になることが見えてきて、危機感を持って施策を進める企業が増えてきています。

VUCA[4]の時代において、社会環境の変化に伴って経営戦略を考え、

2　国立社会保障・人口問題研究所「日本の将来推計人口（令和5年推計）」

3　パーソル総合研究所「労働市場の未来推計2030」

4　VUCAとは、Volatility（変動性）・Uncertainty（不確実性）・Complexity（複雑性）・Ambiguity（曖昧《あいまい》性）という四つの単語の頭文字を並べたもので、予測が難しく変化が激しい社会や経済情勢を表す言葉。1990年代後半に米国で唱えられた軍事用語だったが、2010年代には世界経済フォーラム（ダボス会議）でも使われ、経済用語として広がった。

それを達成する「人」に対しても戦略を持って採用・育成していく必要が出てきています。また、長時間労働で休みなく働けるような「限定的な属性の人材」のみが活躍するような体制では、人的リソースが枯渇し、事業運営が難しくなるということなのです。そこから、**「ダイバーシティ・エクイティ・インクルージョン（DEI）」**という、多様な人材を受け入れ、活躍ができる環境への生まれ変わりが求められるようになっているのです。

　最後に**組織変革**という点です。

　日本は、戦後の経済成長期に確立した「終身雇用」「年功序列」の仕組みが前提となった人事制度を継続している企業が、まだ多く存在します。

　社会の変化により、多様な人材が活躍する企業、そして企業競争力が高められる人材育成を行うために、「ジョブ型雇用に移行させよう！」「人事制度を変化させよう！」と、近年は人事制度改革を行う企業が急速に増えてきました。その中で、本質的に**多様な人材が活躍できる環境**になっているかを示す、第1のバロメータが「女性活躍」だと考えていただけたらと思います。

　戦後の経済成長期は、日本は人口ボーナス期と呼ばれる時代であり、労働人口が十分にいた時代だったのです。この時には、働き手として「育児」「介護」を行っている人、「シニア」「ハンディキャップがある人」は考えられていませんでした。

　だからこそ、以前の人事制度から組織変革を遂げているかどうかを見る際には、社内である一定のボリュームがいる**女性社員/育児期社員**が活躍できる環境になっているかを、見ていくことから始めると、分かりやすいのです。

　女性社員・育児社員が活躍できていない環境とは、「入社時の能力が基準を満たしており、新卒から長く会社にいて、健康で、文化の違いが無い人」でさえも活躍できない環境ということです。それはつまり、中途採用の方、介護中の方、シニアの方、外国人の方等も同様に活躍で

きていないということにも繋がります。

　世界的にも、優秀な人材ほど、ダイバーシティの意識を持っていると言われています。私自身、大学生と関わることも多いのですが、優秀な学生ほど「この会社がサスティナブルに継続するか」という視点に立ち、人的資本・ダイバーシティへの取組みを注意深く見ています。

　また2023年のノーベル経済学賞は、**「労働市場における女性の成果に関する功績」**により、クラウディア・ゴールディン氏が受賞しました。男女の賃金格差の要因を経済学の観点から研究し、その成果が認められたのです。経済学の観点からもジェンダーギャップの解消が必要とされているのです。

　投資家の観点からも、日本の労働人口の今後を見ても、組織変革を考えても、まずは女性活躍推進から始めたダイバーシティ推進、そして人的資本経営が【企業価値向上】に繋がるのです。

　また女性活躍・ダイバーシティを推進することは、投資家から資金を得られるだけではなく、日本は国からの補助金も多く設定されているので、中小企業であっても財務的なメリットが多くあります。

　しかしながら、こんな声も聴こえてきます。

「概念的には理解していても、実践は難しいんですよね…。」
「経営者もKPIは設定してはいるものの、本気ではないようです。その中で、どう進めていけば分かりません。」
『女性活躍・ダイバーシティ』を進めた時のハレーションが怖くて、二の足を踏んでいます。」
「せっかく女性活躍の施策を行っているのに、管理職になりたい女性は自社にはいないようです。」

　日頃、経営者の方、企業の担当者の方と話す中で、よく出てくる言葉です。

　しかしながら、大丈夫です！安心してください。本質的に進めていけ
ば、そのハレーションは３年程で無くなっていき、周囲からの評価も高
まり、当たり前になっていきます。

　皆さんも、会社で新しいシステムが導入された時、最初は「すごくや
りづらいな、前の方が良かったな」と思うことも多いと思います。しか
しながら、新しいシステムに慣れると「当たり前」になりますよね。何
にしても、変化する時にはハレーションが起こるものなのです。

　「社会心理学の父」とも呼ばれるクルト・レヴィンが提唱した組織変
革の３段階プロセスでは、「解凍→変革→再凍結」という順番を辿ると
言われています[5]。

　ハレーションが起こるということは、しっかり解凍しようと変化して
いるということ。だからこそ、そのハレーションにも向き合い、会社の
方針や「変化していくこと」を伝えていくことで、変革が起こり、ワン
ステージ上がった組織に生まれ変わることができるのです。

　一方、女性活躍やダイバーシティを進めることの難しさもあります。
それは、社員一人ひとり「背景・価値観」が異なっているということで
す。方法を間違ってしまうと「感情」が先立ち、客観的な議論ができ
ず、上手く進まないということがよくあります。

　その為、本質的に進める為には押さえておくべきステップや方法があ
ります。客観的に議論のテーブルに乗せ、進めていくためには、**「理論」**
と「データ」と「実践」が必要です。

　「なぜ今、女性活躍・人的資本経営を行わないといけないのか」
　「なぜ現在、女性管理職が少ないのか」
　「女性活躍推進から始めると、他の社員にもどのようなポジティブな
効果があるのか」

5　Lewin（1947）．"Frontiers in Group Dynamics: Concept, Method and Reality in Social
　　Science; Social Equilibria and Social Change". Human Relations. 1: 5-41.

「女性活躍推進を、どのように進めていくのか」
「効果をどのように測っていくのか」

　これらのことを、経営者、管理職、社員と対話し続けながら、一歩一歩進めていく。
　この本は、そんな**汗かく人事**（又は経営者・経営企画）の皆さんに向けて、私が14年間の経験を元に、**「理論」「データ」「実践」**の武器をお渡しするために作った本です。

　本書では、第1部を**理論編**とし、客観的に推進する意義を伝える為の情報を、様々な側面からお伝えしていきます。また第2部は**実践編**とし、経営・現場・広報が一体となり進めていくための具体的な方法を解説します。第2部の7章では、自社の状況を定量的・定性的にリサーチし、客観的な**データ**を用いてアクションプランを作る方法を解説していきます。

第1部　理論編
第1章：なぜ今「人的資本経営」なのか？
第2章：ダイバーシティが組織に与えるポジティブな効果
第3章：日本における女性活躍の歴史
第4章：日本企業で女性管理職が増えない理由

第2部　実践編
第5章：女性活躍推進3つの視点と7つのポイント：現場・人事編
第6章：女性活躍推進3つの視点と7つのポイント：経営・広報編
第7章：実践！　自社のアクションプランの作り方
第8章：先進企業事例（日本アイ・ビー・エム株式会社、キリンホールディングス株式会社）

　女性活躍推進は、ある意味古くて新しい話題です。おそらく、この本

をお読みの方の状況は異なっていると思います。状況に合わせて、重点的に読んでいただきたい部分が異なってくるので、状況別の読み進め方を簡単に書いてみました。

・「女性活躍推進の重要性が分からない」という方
　→主に1章-3章をお読みください。

・「女性活躍推進の現場の課題感は分かっているけど、効果が出ていない」という方
　→主に4章-6章、8章を読んでいただき、7章で再度アクションプランを立て直していただければと思います。

・「経営の命題にならない、経営者の意識を高められない」という方
　→まずは1章-3章で企業として実施をする意義を認識いただいた上で、具体的な施策を5-7章でご確認いただけたらと思います。

・「女性活躍推進をやれと言われたけど、何から始めれば良いか分からない」という方
　→全体を読んでいただいた上で7章で課題をしっかり分析し、アクションプランを作成し、経営者にプレゼンしていただければ効果的です。

・「女性や育児期の男性の方など、当事者でモヤモヤしている」という方
　→まずは4章を読んで原因を解明してスッキリしていただき、是非1-3章を経営者や上司にお見せください。

どうにか組織を、社会を、良い方向に進めていきたい。

　そう思っている方々がこの本を、武器として活用していただき、汗をかきながら継続して対話を、アクションを、組織変革を進めていただけ

たら幸いです。

　また、性別やジェンダーはグラデーションがあり、多様な価値観、あり方を尊重したいという想いがありますが、本書では敢えて「男性」「女性」という表現を使っています。また結婚・出産・育児を選択・経験しない人もいることを前提とした上で、その選択・経験をした人に起こり得る事象の説明をしています。全ての人、全ての事象に当てはまるものではないことを前提にして読み進めていただければ幸いです。

　日本が、多様な人材を受け入れ、強く優しくなっていく為に、共に頑張っていきましょう！

目次 ◎ 女性活躍から始める人的資本経営

第 1 部　理論編

第 1 章

なぜ今「人的資本経営」なのか？　　17

第 2 章

ダイバーシティが組織に与えるポジティブな効果　35

第 3 章

日本における女性活躍の歴史　　59

第 **1** 部

理論編

なぜ今「人的資本経営」なのか？

1　女性活躍推進を本質的に理解するための 3つのテーマ

　特にここ数年は、人的資本やダイバーシティ推進／女性活躍を取り巻く環境が大きく変化しています。

　自社の女性活躍を推進していくためには、「女性活躍」というテーマを狭く捉えても、本質的な取り組みには繋がりません。「なぜ女性活躍が重要なのか」を理解するためは、次の3つのテーマの流れを汲むと分かりやすいと思います。

　以下3つの流れを知ることで、今「人的資本経営」を行う意義と共に、「女性活躍から始めたダイバーシティ推進が、組織にとって効果的に影響が出る」事が理解できるかと思います。第1章–第3章で詳細に解説していきます。

> ● 人的資本経営（ESG投資・株主）　　　　　 ➡ 第1章
> ● ダイバーシティが組織に与えるポジティブな効果 ➡ 第2章
> ● 日本における女性活躍の歴史　　　　　　　 ➡ 第3章

　本章では、人的資本経営が重要視されるようになった背景を解説していきます。

2　人的資本経営という考え方

1　人的資本

　今、ビジネス界では**人的資本**を重要視する動きが世界的に拡大しています。

　人的資本経営とは、人材を「資本」として捉え、その価値を最大限に引き出すことで、中長期的な企業価値向上につなげる経営のあり方のことであると、経済産業省「人材版伊藤レポート」でも述べられていま

す。日本における人的資本情報を開示する動きは、2021年6月の**コーポレートガバナンス・コードの改訂**により、人的資本の情報開示を求められるようになったことが大きな転機になりました。

　2021年11月には岸田政権による新しい資本主義実現会議で、「日本政府の人的資本可視化指針策定」の旨が言及され、2022年8月には、内閣官房 非財務情報化研究所により、「人的資本可視化指針」が策定されました。また、2023年3月期より、有価証券報告書に人的資本の情報開示を行うよう求められるようになっています。

　この人的資本経営を理解する上でのポイントは、人材をコストではなく**人的資本（Human Capital）**として捉え直すことです。

　これまで、自社の人的資本への投資は、費用と捉えられることもありました。しかし、人的資本経営では人材を資本と捉え、投資を行うことで資産とし、企業の成長や企業価値向上につなげていくことを目的としています。

　「人的資本」は、人が持つ知識や能力を**価値を生み出す資本**と捉え、効果的に投資をすることでリターンを生み出そうという考えに基づいているのです。

2　経済界の企業価値向上のプロも人的資本経営の重要性を提言

　2020年9月、経済産業省から人的資本経営のあり方をまとめた**「人材版伊藤レポート」**が発表されました。「人材版伊藤レポート」とは、経済産業省の「持続的な企業価値の向上と人的資本に関する研究会」における、最終報告書の通称です。プロジェクトの座長を務めた、現一橋大学の名誉教授・伊藤邦雄氏に由来しています。

　「人材版伊藤レポート」では、持続的な企業価値の向上を実現するためにはビジネスモデルの経営戦略と人材戦略が連動していることが不可

欠であると述べられています。経済界の企業価値向上のプロが「人的資本」を重要視しているということで、人的資本経営はより一層その重要性に注目が集まることとなりました。

また、持続的な企業価値向上に向けた変革の方向性、経営陣・取締役会・投資家が果たすべき役割、人材戦略に求められる**「３つの視点と５つの共通要素」**など、人的資本経営の考え方が整理されています。

つまり、**人的資本経営とは「経営戦略に合わせた人材戦略を策定し、企業のミッションを達成すること」**です。まずは、社会環境の変化等を考慮した経営戦略を策定し、それを実現するための人財戦略を策定する。その理想像に対してのギャップを把握し、改善するための施策を行う。その施策として、人材ポートフォリオの作成・ダイバーシティ＆インクルージョンへの考慮・リスキリング・エンゲージメントの向上・働き方の柔軟性を要素として取り入れ、定着させることの重要性を記載しています。

また2021年５月には、「人的資本経営の実現に向けた検討会報告書（人材版伊藤レポート2.0）」を発表。「CHROの設置」や、「役員報酬への人材に関するKPIの反映」など、「３つの視点、５つの共通要素」における有効な取組や工夫について詳細に記載しています[1]。

〈人材戦略に求められる３つの視点と５つの共通要素〉

視点１：経営戦略と人材戦略の連動

視点２：As is - To be ギャップの定量把握

視点３：企業文化への定着

要素１：動的な人材ポートフォリオ

要素２：知・経験のダイバーシティ＆インクルージョン

要素３：リスキル・学び直し

要素４：従業員エンゲージメント

1　「人的資本経営の実現に向けた検討会 報告書 ～人材版伊藤レポート2.0～」
　https://www.meti.go.jp/policy/economy/jinteki_shihon/pdf/report2.0.pdf

要素5：時間や場所にとらわれない働き方

3 人的資本経営が重要視された背景

1 財務情報だけでは投資判断が難しい時代に

では、なぜ今「人的資本経営」がこんなにも注目されているのでしょうか。ひとつの大きな契機となったのは、2008年に米国で起きた**リーマン・ショック**です。

リーマン・ブラザーズ・ホールディングスの経営破綻の背景には、社内ガバナンスが脆弱であったことが指摘されています。この出来事から、財務情報のみの分析で投資判断をすることに警鐘が鳴らされるようになりました。非財務情報で投資判断を行うESG投資でも人材投資に対する関心が高まっていきました。

この流れを受けて、投資活動を行う機関投資家が、企業の人的資本の情報開示を行うよう求めるようになったのです。米国では、2017年に5兆9000億ドルの資産規模を持つ25の機関投資家が、人的資本マネジメント連合（Human Capital Management Coalition）を結成し、米国証券取引委員会（SEC）に対して人的資本に関する情報開示を求めるロビイングを開始しました[2]。

その後、2018年に国際標準化機構（ISO:International Organization for Standardization）が**ISO30414を策定**。これが初めての人的資本に関する情報開示の国際規格となります。

2020年8月には、米国証券取引委員会（SEC）が人的資本の情報開示をルール化し、**上場企業に対して、人的資本に関する重要な情報開示を義務化**[3]しました。また、米国では、企業価値に占める無形資産の割

2　HCMCにより、2020年8月27日に「Human Capital Management Coalition Statement Re: SEC's Regulation S-K Final Rulemaking」というタイトルのプレスリリースが出されている。

3　2020年8月26日に米国証券取引委員会（SEC）は、米国証券法にもとづく「レギュレーションS-K」を改訂すると発表。これにより、米国株式市場に上場する企業は人的資本の情報開示を義務づけられた。

合が年々高まっており、2020年には９割にまで高まっているのです。

図表1-1　企業価値における有形資産と無形資産の割合の変化

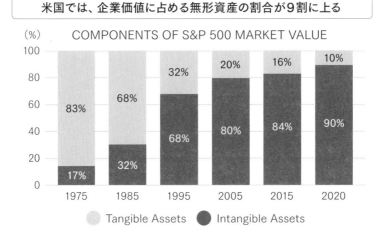

米国では、企業価値に占める無形資産の割合が９割に上る

COMPONENTS OF S&P 500 MARKET VALUE

＊Intangible Assets：特許、著作権、ブランド等を含む、無形資産の市場価値

（出典：OCEAN TOMO, LLC INTANGIBLE ASSET MARKET VALUE STUDY, 2020）

❷ ESG投資の影響

　人的資本経営が重要視されている背景には、**ESG投資額の増加**が大きく関係しています。ESGとは「環境（Environment）」、「社会（Social）」、「ガバナンス（Governance）」の頭文字を組み合わせた言葉です。

　環境や社会に配慮した事業を行い、適切なガバナンスがなされている企業、つまり**ESG課題に対応している企業に投資をすることをESG投資**と言います。

　ESG投資の広がりから、投資家がESG要素を含む事業活動に対しての開示を求めるようになりました。そのことから上場企業がESGのマテリアリティに対しての開示を積極的に行う動きが出てきました。このESGのマテリアリティのＳとＧが人的資本に関わる内容になっている為、投資という観点においても人的資本を重要視する意識が高まってい

るのです。

図表1-2　ESGのマテリアリティの中での人的資本

WFEのESG指標

環境（E）	社会（S）	ガバナンス（G）
●温室効果ガス排出量 ●排出原単位 ●エネルギー使用量 ●エネルギー原単位 ●エネルギーミックス ●水使用量 ●環境関連事業 ●環境リスク管理体制 ●気候リスク軽減に対する投資	●CEOと従業員の報酬差 ●男女の報酬差 ●人材流入・流出の状況 ●従業員の男女割合 ●派遣社員割合 ●反差別に関する方針 ●負傷率 ●労働安全衛生方針 ●児童労働・強制労働に関する方針 ●人権に関する方針	●取締役会のダイバーシティ ●取締役会の独立性 ●報酬とサステナビリティの紐付け ●団体交渉の状況 ●サプライヤー行動規範の有無 ●倫理と腐敗防止に関する方針 ●データプライバシーに関する方針 ●サステナビリティ報告 ●サステナビリティ関連開示 ●外部保証の有無

（出典：“WFE ESG Revised Metrics June 2018” を元に作成）

ESG投資が広まったきっかけは、2006年に国連が発表した**「PRI：Principles for Responsible Investment（国連責任投資原則）」**が大きく影響しています。PRIとは、国連が投資家への働きかけを行うため、国連環境計画金融イニシアティブ（UNEP-FI）と国連グローバル・コンパクトが共同イニシアティブとして、発表したものです。

PRIの重要な点は、「社会的責任を遂行するためにESG課題に配慮するのではなく、リスクリターンの問題が存在するからESG課題に配慮する必要性がある」と前面に押し出したことです。また投資家は、「受託者責任の範囲内」でESG課題を考慮すべきだという整理が行われました[4]。

4　PRIはHP上で“It requires investors to incorporate all value drivers, including environmental, social, and governance（ESG）factors, in investment decision making.”「投資家は、環境・社会・ガバナンス（ESG）要因を含むすべての価値ドライバーを投資意思決定に取り入れる必要がある。」と述べている。

つまり簡単に言うと、**ESG課題を解決することがリターンにつなが**ることを示し、投資家がリターンを求めても良いという姿勢を取り入れたことで、多くの機関投資家が署名を行いました。

　PRIでは次の6つの原則が定められており、ESGの視点を取り入れることを投資原則とすることが求められています。

---

1. 投資分析と意思決定のプロセスにESGの視点を組み入れる
2. 株式の所有方針と所有慣習にESGの視点を組み入れる
3. 投資対象に対し、ESGに関する情報開示を求める
4. 資産運用業界において本原則が広まるよう、働きかけを行う
5. 本原則の実施効果を高めるために協働する
6. 本原則に関する活動状況や進捗状況を報告する

（出典：PRI HP "Signatories' commitment" を邦訳）

　PRIに賛同している機関投資家は2006年の発足以来増加し続けており、2023年には署名数が5,300を超えています[5]。機関投資家が市場に与える影響は大きく、2018年には約30兆6,830億ドル（当時レートで約3,400兆円）だった世界における投資残高が、2020年には約35,301億ドル（当時レートで3,900兆円）にまでなっています（図表1-3参照）。

図表1-3　ESG投資残高（世界・日本）

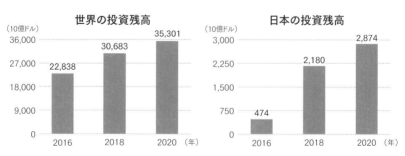

（出典：GSIR［2022］"Global Sustainable Investment Review 2022"）

5　PRI（2023）"Signatory update October-December 2023"

　日本においては、日本最大の機関投資である**年金積立金管理運用独立行政法人（GPIF）が2015年に署名**をしたことでESG投資が広がり始めました。世界と比較すれば規模は小さいものの、2018年には約2兆1,800億ドル（当時レートで約239兆円）だった投資残高が、2020年には約2兆8,740億ドル（当時レートで314兆円）に拡大しています。

　ESG要素に関する開示基準を設定している米国の非営利団体SASB：Sustainability Accounting Standards Board（米国サステナビリティ会計基準審議会）は、2018年に11セクター77業種について情報開示に関する「SASBスタンダード」を作成し、公表しました。サステナビリティ課題の5つの領域として「環境」「社会資本」「人的資本」「ビジネスモデルとイノベーション」「リーダーシップとガバナンス」を設定し、開示項目を26の課題カテゴリーとして設定しています。2019年より、人的資本に関する新たな基準を作成するために"Human Capital Research Project"を開始し、2020年に「人的資本とSASB基準に関する予備的フレームワーク（改訂案）」を公表。以下のように企業の持続的な成長にとって重要な人的資本関連の項目を取り上げています。

〈SASBにおける人的資本関連のサステナビリティ課題〉
- 労働慣行
- 従業員の健康と安全
- 従業員エンゲージメント・ダイバーシティ＆インクルージョン
[追加で取り上げられている論点]
- メンタルヘルス、ウェルビーイング、福利厚生
- 職場の文化
- 労働力投資
- 代替労働力
- サプライチェーンにおける労働条件

（出典：SASB〔2020〕"Preliminary Framework: Executive Summary"）

　また前述した通り、2018年12月に国際標準化機構（ISO）により、

世界初の人的資本情報開示のガイドライン、ISO30414が発表されます。

　人的資本における「1．コンプライアンスと倫理」「2．コスト」「3．ダイバーシティ」「4．リーダーシップ」「5．組織文化」「6．組織の健康、安全、福祉」「7．生産性」「8．採用、異動、離職」「9．スキルと能力」「10．後継者育成」「11．労働力確保」の11の領域について、58項目のステークホルダーに情報開示をするための指標が定められています[6]。

　ISO30414が発表されたことにより、人的資本に関する情報開示における国際的な基準が明確なものとなりました。2020年に米国の証券取引監視委員会（SEC）が、人的資本についての情報開示を義務化したことで、人的資本についての開示を行う企業が増加していきました。

　また日本の「人的資本可視化指針」も、ISO30414の項目を参考に作成されています。

● ISO30414の11領域
1．コンプライアンスと倫理
2．コスト
3．ダイバーシティ
4．リーダーシップ
5．組織文化
6．組織の健康、安全、福祉
7．生産性
8．採用、異動、離職
9．スキルと能力
10．後継者育成
11．労働力確保

6　Human Capital Management Standards（2019）

3 外国人投資家の台頭と日本のコーポレートガバナンス改革

加えて近年は、外国人投資家の比率が増加傾向にあります。

日本では1980年代まで、取引先や金融機関による持ち合い比率が多くを占めていました。しかし1990年以降は金融危機の影響で持ち合いの解消が進み、その受け皿として外国人投資家の保有が増えました。

2000年には持ち合いと外国人投資家の比率が逆転し、2020年の保有率は、外国法人などが30.2%となり、外国人投資家の影響が高まっているのです。（図表1-4参照）。

図表1-4　日本企業における株主構成の変化

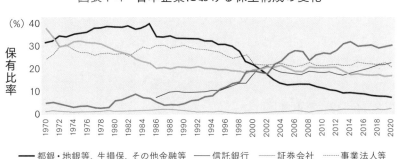

（出典：東京証券取引所「2022年度株式分布状況調査」を元に作成）

人的資本に関する取り組みが促進されるようになったのは、外国人機関投資家からの要請を受けたことが大きく影響しています。

CalPERS（カルフォルニア州職員退職年金基金）は、「対日コーポレート・ガバナンス原則」を発表。取締役および株主の義務と責任を踏まえた上で、取締役と株主の関係を強化するための5大改革が求められました。

1. 株主の義務
2. 取締役会の株主に対する説明責任

3. 日本コーポレート・ガバナンス・フォーラムの「コーポレート
　　ガバナンス原則」の採用
4. 最善の行動規範の策定
5. 経営者の株主に対する報告責任

（出典：関〔1998〕「CalPERS の対日コーポレート・ガバナンス原則」より要約）

　このような流れから、外国人投資家から取締役設置要請が相次ぐように
なります。その後、2002年の商法改正、2009年の東証上場規程等を
改正、2014年の会社法改正により、上場企業に独立役員1名以上の設
置が義務づけられました。

　特に近年のコーポレートガバナンス改革は、**アベノミクス**によって推
し進められました。アベノミクスとは、安倍政権が展開した経済政策の
ことで、「大胆な金融政策」、「機動的な財政政策」、「民間投資を喚起す
る成長戦略」を3本の矢としています。

　コーポレートガバナンス改革は、日本企業がグローバル競争に打ち勝
ち、「稼ぐ力」を取り戻していくための施策として、第3の矢である成
長戦略の中心に位置づけられました。コーポレートガバナンス・コード
の改訂に向けては、以下の様な流れを汲んで進められました。

● **2014年2月：日本版スチュワードシップコード制定**

● **2015年6月：コーポレートガバナンス・コードが制定**
　―ガバナンス強化を後押しする規則が設けられる。

● 2020年1月：経済産業省「持続的な企業価値の向上と人的資本
　に関する研究会」を開始。
　―同年9月には**「人材版伊藤レポート」**を公表

● 2021年6月
　・「人的資本の『見える化』の推進」が政策方針として示される

・東京証券取引所「コーポレートガバナンス・コード」改訂
──日本の上場企業にも人的資本に関する情報開示を求める流れに。

2021年のコーポレートガバナンス・コードの主な改訂内容は以下4点です。

1．取締役会の機能発揮
- プライム市場上場企業において、**独立社外取締役を3分の1以上選任**（必要な場合には、過半数の選任の検討を慫慂）
- 指名委員会・報酬委員会の設置（プライム市場上場企業は、独立社外取締役を委員会の過半数選任）
- 経営戦略に照らして取締役会が備えるべきスキル（知識・経験・能力）と、各取締役のスキルとの対応関係の公表
- 他社での経営経験を有する経営人材の**独立社外取締役への**選任

2．企業の中核人材における多様性の確保
- 管理職における**多様性の確保（女性・外国人・中途採用者の登用）**についての考え方と測定可能な自主目標の設定
- 多様性の確保に向けた**人材育成方針・社内環境整備方針**をその実施状況とあわせて公表

3．サステナビリティを巡る課題への取組み
- プライム市場上場企業において、TCFD又はそれと同等の国際的枠組みに基づく気候変動開示の質と量を充実
- サステナビリティについて基本的な方針を策定し自社の取組みを開示

4．上記以外の主な課題
- プライム市場に上場する「子会社」において、独立社外取締役を過半数選任又は利益相反管理のための委員会の設置

　また新設された補充原則には、主に**「企業の中核人材における多様性の確保（女性・外国人・中途採用者）」**や「サスティナビリティ施策」を行うことが企業価値向上に繋がると明記されています。この流れが、プライム市場にいる大手企業が本気で人的資本やダイバーシティ推進に取り組む大きなきっかけになりました。

●補充原則 2−4①

　上場会社は、**女性・外国人・中途採用者の管理職への登用等、**中核人材の登用等における多様性の確保についての考え方と自主的かつ測定可能な目標を示すとともに、その状況を開示すべきである。また、中長期的な企業価値の向上に向けた人材戦略の重要性に鑑み、**多様性の確保に向けた人材育成方針と社内環境整備方針**をその実施状況と併せて開示すべきである。

●補充原則 3−1③

　上場会社は、経営戦略の開示に当たって、自社のサステナビリティについての取組みを適切に開示すべきである。また、人的資本や知的財産への投資等についても、自社の経営戦略・経営課題との整合性を意識しつつ分かりやすく具体的に情報を開示・提供すべきである。

　特に、プライム市場上場会社は、気候変動に係るリスク及び収益機会が自社の事業活動や収益等に与える影響について、必要なデータの収集と分析を行い、国際的に確立された開示の枠組みであるTCFDまたはそれと同等の枠組に基づく開示の質と量の充実を進めるべきである。

● 補充原則 4－2②

　取締役会は、中長期的な企業価値の向上の観点から、自社のサステナビリティを巡る取組みについて基本的な方針を策定すべきである。

　また、人的資本・知的財産への投資等の重要性に鑑み、これらをはじめとする経営資源の配分や、事業ポートフォリオに関する戦略の実行が、企業の持続的な成長に資するよう、実効的に監督を行うべきである。

（出典：東京証券取引所「コーポレートガバナンス・コード」〔2021年6月公表〕）

　また2022年8月には、内閣官房 非財務情報可視化研究会が上場企業向けの人的資本に関する開示のガイドラインとなる**人的資本可視化指針**を発表しました。「**ガバナンス**」「**戦略**」「**リスクと管理**」「**指標と目標**」[7]の4つの基準で、19事項を提示しています。

　指針を参考にしながら、自社の戦略に合ったものを選択し、明確な目的をもって運用することが重要です。

図表1-5　人的資本可視化指針

開示事項の例																		
育成			エンゲージメント	流動性			ダイバーシティ			健康・安全				労働慣行				コンプライアンス/倫理
リーダーシップ	育成	スキル/経験		採用	維持	サクセッション	ダイバーシティ	非差別	育児休業	精神的健康	身体的健康	安全	労働慣行	児童労働/強制労働	賃金の公正性	福利厚生	組合との関係	

　　「価値向上」の観点　　　　　　　　　　　「リスク」マネジメントの観点

（出典：内閣官房非財務情報可視化研究会「人的資本可視化指針」28ページ）

　これを受けて、金融庁は2023年3月期決算から「有価証券報告書」で人的資本の情報開示を義務化。企業の多様性を測る指標である「**女性管理職比率**」「**男性育児休業取得率**」「**男女の賃金格差**」の項目が新たに盛り込まれました。

7　内閣官房 人的資本可視化指針 p.13

このことで、プライム市場にいる企業だけではなく、全ての上場企業が「ダイバーシティ・女性活躍推進」に向けて本気に取り組む必要が出てきたのです。

この一連の流れから、**2023年は「人的資本開示元年」**などと言われました。このように、世界的な人的資本経営への関心の高まりを受けて、日本においても人的資本に関する様々な議論や施策が行われてきたのです。

 ## 4 経営戦略に紐づいた人材戦略の必要性と人事の4つの役割

ここまで、人的資本経営が重要視されるようになった背景について、ESG投資や株主のお話を中心に解説しました。

冒頭でもお伝えしたように、**「人的資本経営」**とは、"財"である人材の価値を最大限に引き出すことで、**中長期的な企業価値向上につなげる経営のあり方**のことです。

戦略的に情報開示を行い、ステークホルダーとの関係性を構築することも重要ですが、人的資本の情報開示はあくまで手段に過ぎない、ということもあわせてお伝えしたいことです。

人的資本経営を通して企業価値創造を実現するためには、経営戦略に紐づいた人材戦略を設計する必要があります。

変化の激しい現代において、企業は環境に合わせて戦略を柔軟に変化させ、実行していくことになります。その上で人事は、**どんな人材を採用して、どのように育成し、配置すれば、その戦略を達成することができるのか?**という視点で人事を行っていく必要があります。

ところが、「そもそも人材戦略がない」または「経営戦略と人材戦略が紐づいていない」という企業も多いのが現状です。

パーソル総合研究所「タレント・マネジメントに関する実態調査」[8]によると、人材マネジメントの課題として、**「人材戦略と経営戦略が紐**

図表1-6　経営戦略に紐づいた人材戦略・ダイバーシティの位置づけ

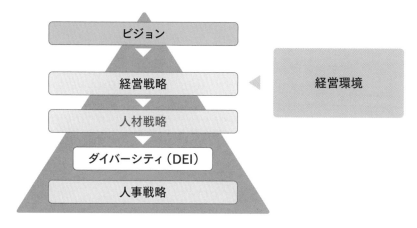

づいていない」という回答をした方が一番多く、3割を超えています。

　ミシガン大学のデイビッド・ウルリッチ教授が提唱している「人事の4つの役割」というものがあります。ウルリッチ教授は、**「戦略実現パートナー」「変革エージェント」「管理エキスパート」「従業員チャンピオン」**という4つの役割を定義し、「人事はこれらの役割を担ったビジネスのパートナーであるべき」だと提唱しました（図表1-7参照）。

　今後人事は、労務管理だけではなく、現場の声を聞く「従業員チャンピオン」になりながら、経営者と対話する「戦略実現パートナー」となり、組織変革を行う「変革エージェント」になっていくことが求められています。

8　パーソル総合研究所（2019）従業員人数300名以上の日本企業に勤める人事部門の課長相当以上の役職者300人を対象にしたインターネット調査

図表1-7　ミシガン大学のデイビッド・ウルリッチ教授が提唱した
「人事の４つの役割」

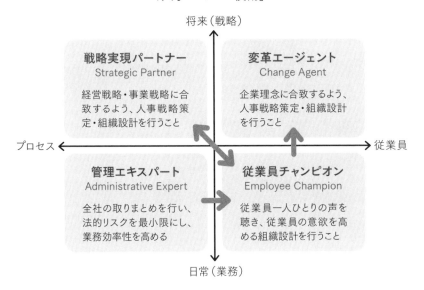

将来（戦略）

戦略実現パートナー
Strategic Partner

経営戦略・事業戦略に合
致するよう、人事戦略策
定・組織設計を行うこと

変革エージェント
Change Agent

企業理念に合致するよう、
人事戦略策定・組織設計
を行うこと

プロセス ←　　　　　　　　　　　　　　→ 従業員

管理エキスパート
Administrative Expert

全社の取りまとめを行い、
法的リスクを最小限にし、
業務効率性を高める

従業員チャンピオン
Employee Champion

従業員一人ひとりの声を
聴き、従業員の意欲を高
める組織設計を行うこと

日常（業務）

（出典：Human Resource Champions〔1997〕The Next Agenda for Adding Value and Delivering Results, David Ulrichを参考に作成）

　これからの企業経営において、人事が戦略づくりと現場づくりのキーパーソンなのです。是非、現場と経営を行き来する**「汗かく人事」**となり、多様な人材を活かす組織づくりの担い手となってください。

　また本書では、女性活躍推進の分野で取組みを進める方を**「女性活躍リードコンサルタント」**と呼びます。実践方法については第５章よりお伝えしていきます。

第 **2** 章

ダイバーシティが
組織に与える
ポジティブな効果

1 日本企業が、ダイバーシティを含む人的資本 経営に取り組むべき理由

1 労働力人口の減少

　人的資本経営を進める上で欠かせない要素の一つが、**ダイバーシティ（多様性）**です。

　2023年1月31日「企業内容等の開示に関する内閣府令」等の改正により、有価証券報告書にて、全企業の開示義務に追加された項目は、**「人的資本」**と**「多様性」**の2つでした。

　人的資本で挙げられている項目は、「人財育成方針」と「社内環境整備」であり、多様性については「女性管理職比率」「男性の育児休業取得率」「男女間賃金格差」であり、法律に基づいて規定されています。

　このように**人的資本・ダイバーシティ**がとても重視されていることがよく分かります。

　しかしながら、ダイバーシティは「国が推進しているから必要」なのではなく、企業の持続的成長と中長期的な企業価値の向上に欠かせない要素なのです。

　その理由を、大きく4つの視点でお伝えしていきます。

　1　労働人口の減少
　2　グローバル化
　3　企業価値向上（ESG投資）
　4　リスクマネジメント

　「はじめに」でも述べた通り、日本の**労働人口は年々減少**し、パーソル総合研究所が出した試算では**2030年には644万人の労働力が不足**すると言われています。

その中である一定の属性だけが働ける環境ではなく、年齢・性別・国籍問わず、多様な人材が活躍する環境づくりが急務です。

また**グローバル**展開をしている企業では更に重要になります。外資系の企業では、本社から「ダイバーシティの低さ・女性管理職比率の低さ」を指摘され、急速に取組を進める必要が出てきている場合が多くあります。また日本企業であっても、グローバル展開をする上で海外の投資家から「ダイバーシティの低さ」を指摘されたという事例は、よく経営者からも聴きます。

また日本市場のみでビジネスをしている企業であっても、1章でお伝えした通り、今後は人的資本を含めた非財務情報について、投資家から求められるようになります。その中で多様な人材が活躍できる環境は**企業の価値向上**に大きく寄与していくのです。

最後に**リスクマネジメント**です。少し詳しく説明していきます。皆さんは**心理的安全性**という言葉をご存知でしょうか。心理的安全性は、Google社が2015年に公表した、効率的なチームの5つの要素[1]の中に含まれたことで有名になった言葉でもあります。心理的安全性とは、「他者の反応に怯えたり羞恥心を感じることなく、自然体の自分を曝け出すことのできる環境や雰囲気のこと」を指します。

このような状況では、リラックスした状態で自分の意見や考えを自由に述べられる環境にあるため、多様な考えを交換することができます。このことが、より良いアイディアが出ることに繋がったり、生産性が高い方法を見つけることに繋がったりすることから、成功するチームの構

1　Googleの「Re：Work」のウェブサイト（Googleの人事に関する研究、アイデア、実践をシェアするためのリソース）にて、成功するチームが持つ5つの重要な特性を以下のようにまとめている。「①心理的安全性（サイコロジカル・セーフティ）：チーム内で安心して意見交換ができる状態。高い心理的安全性では、効率性や貢献性にも影響。」「②相互信頼：チームメンバー同士が信頼し合い、協力して働くことが重要。」「③構造と明確さ：チームの目標や役割、プロセスが明確であることが効率的なチームの土台」「④仕事の意味：チームメンバーが仕事に意味を感じ、共通の目標に向かって取り組むことが大切」「⑤生産的で成果主義である：チーム内で成果を上げることに強い関心を持っていること。」

築に重要なものと言われています。

一方、心理的安全性がない中では、「自分の意見は受け入れられない」「認められない」「意見を言っても否定される」と感じ、**自分の持っている情報を開示しない状況**が生まれてきます。

ある例としては、飛行機の機体の不備を担当者が見つけていたにも関わらず、それを報告すると上司から非難されると感じ、報告しなかった。その事で、飛行機の事故が起こってしまったというものです。同じように、不正などに気づいていても発言できない状況から、不祥事や事故が起きるということが多数起きていました。

つまり、多様な人材が受け入れられる環境というのは、何か悪いことがあっても声を挙げられる組織ということで、**リスクマネジメント**にも繋がると言われているのです。

②　「多様性」だけではイノベーションは起きない

本書では、ダイバーシティを説明する際に「DEI（ダイバーシティ・エクイティ・インクルージョン）」として、述べていきたいと思います。

改めてDEIとは、どういった意味なのでしょうか。これは、Diversity（多様性）・Equity（公平性）・Inclusion（包括）を合わせた言葉で、「DE&I」と表記されることも多いです。

まず、DEIが出てくる前に提唱された**ダイバーシティ＆インクルージョン（D&I）**についてご説明していきます。ダイバーシティ＆インクルージョンは、人材の多様性（＝ダイバーシティ）を認め、受け入れて、自分と他者のその人らしさを活かすこと（＝インクルージョン）を表す言葉です。

「ダイバーシティ」、「多様性」と聞くと、**人種、国籍、言語、性別、年齢、容姿、障害の有無、配偶者の有無や子どもの有無**といった可視化

図表2-1　ダイバーシティ＆インクルージョン（D＆I）とは

（出典：リクルートワークス研究所〔2015〕『米国の"今"に学ぶ「インクルージョン」の本質』を元に作成）

できるものを思い浮かべる人が多いかもしれません。しかし、**価値観や宗教、ライフスタイル、性的指向**など、**可視化できない内面の多様性**も含まれます。

　つまり、人が集まっている時点で、既にダイバーシティな環境であるということです。多様性は「取り入れるもの」ではなく、「既にあるもの」だという前提を理解しましょう。

　その上で、多様な人材が存在する"だけ"では、イノベーションは起こりづらいと言われています。

　それは属性や価値観が違うと、見ているものの捉え方が違うため、放っておくと全員が違う方向に行ってしまうのです。またコミュニケーションコストがかかってしまうことにより、生産性が一時的に下がることもあります。

　だからこそ、**「インクルージョン」**という考え方が必要なのです。

　時間が掛かる作業ではありますが、違う視点や立場の人が対話をして、一つの方向性について議論をしていく。一人ひとりが、それぞれの立場からアイデアや意見を伝えることができ、その声を受け入れる組織

風土ができることで、イノベーションが起こりやすい状況になるのです。

つまり、「多様性が大切」というよりは、**「多様性はそもそも"ある"ものであり、それをインクルードしていく」**という考え方が、企業を成長させていく上で非常に重要になります。

3 「Equity（公平性）」という考え方

またDEIのEは「Equality（平等性）」ではなく、**「Equity（公平性）」**のEです。

図表2-2　ダイバーシティ・エクイティ・インクルージョン（DEI）とは

Diversity	Equity	Inclusion
個人や集団に存在する さまざまな違い	公平な扱い、 不均衡の調整を行うこと	一人ひとりの多様性が 認められ誰もが組織に 貢献できる状態

図表2-2の通り、Equityとは、「公平な取り扱い、不均等の調整を行う事」を言います。

このイラストにある通り、現状の違いがある部分をサポートして、スタートラインを公平にしていくということでもあります。このイラストをみていると「『下駄をはかせる』ということね」と思われるかもしれませんが、そうではありません。

ここは、重要な論点なので、丁寧にお話しさせていただきたいと思います。

まず**「Equity（公平）ではない状態」**とは、**「何かが少しずつ不便である状態」**を言います。例えば、全員が同じ右利きのハサミを与えられ

て作業をするという場面があったとします。その中で左利きのＡさんという方がいるとします。そのＡさんは、左利きにも関わらず、他の方に合わせて右利きのハサミを使わなければいけません。つまり、「ちょっとした不便」の中で作業することになるのです。またその作業が業務上の評価に繋がるものだったらどうでしょうか。元々のルール自体が、自分にとって不便な状況を与えられたのにも関わらず、評価が低くなるということになります。またこれが会社だとした時に、１人明らかに生産性を低くする方法を取っていることは、会社の利益にとってはマイナスになります。目標達成の手段が**平等か**どうかということではなく、個人の違いを考慮し、それぞれの難易度、負荷が相対的に**公平か**どうかを重要視した上で公平な機会が提供されることが「Equity（公平性）」なのです。

　この左利きのハサミの例を、働き方に置き換えてみましょう。**平等な働き方とは、「全員同じ時間に同じオフィスに出社して、同じ時間労働すること」**かもしれません。この働き方が合う人もいれば、それぞれの事情からこの働き方ではうまく機能せず、生産性が下がっている人もいます。

　柔軟性のある多様な働き方を実現することができれば、それまで画一的な働き方に合わせるために生産性が落ちていた人も、100％の能力を発揮できるようになります。

　Equity（公平）を考えていく上で重要なのは、知らず知らずのうちに、マジョリティの人だけに都合が良いルールにしていないかということに気づくことから始まります。そのルールが、本来では活躍できる人材を、「活躍させない環境」に敢えてしていないかを考え、そのギャップを埋めていくことが重要です。

　公平な機会や働き方、評価を行っていく事が、多様な人材が活躍できる環境に繋がるのです。

　公平性は突き詰める程、難しいことも多いですが、まずは以下の様な

観点を意識していきましょう。ある特定の属性にとって、機会や情報が排除されていないか？居づらさを感じている人はいないか？などを考えていきましょう。

- 機会の公平性（チャレンジする機会等）
- 情報へのアクセシビリティの公平性
- 居づらさ、やりづらさを感じた時に声を上げ、議論ができること
- 異なる状況やニーズに応じて最適なリソースや機会、働き方など

また最近では、「B：Belonging（ビロンギング）」の概念も加えたDEIBの概念まで進化しています。「B」の意味は、一人ひとりの自尊心を育むことで生まれる「帰属意識」であり、勤め先への信頼やロイヤリティです。これは新型コロナウイルス流行以後、米国でレイオフ（一時解雇）が行われた際に、レイオフ対象外の人材が退職するなどの事象が起こったことが背景にあります。仕事観や価値観が大きく変化し、社員を定着させていくためには、DEIだけでは足りず「ビロンギング（帰属意識）」が必要だという認識が広がりました。

このように、組織の人材への考え方は日々進化している事が分かります。

2 DEIの実現が企業にもたらす効果

ダイバーシティ・DEIの推進は、働く人だけではなく、企業にとっても大きなメリットが期待できます。このことを、「ダイバーシティ経営」と表現しています。

図表2-3は、経済産業省が提唱しているダイバーシティの実現が企業にもたらす効果を表したものです。縦軸は財務的価値・非財務的価値による成果、横軸は社内外におけるインパクトを表しており、「1．プロ

図表2-3　ダイバーシティ経営

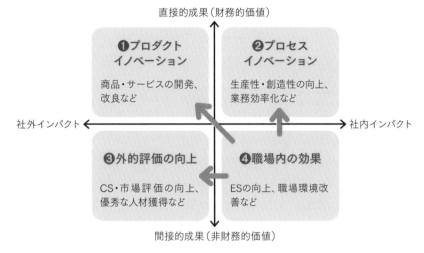

（出典：経済産業省〔2021〕「改訂版ダイバーシティ経営診断シートの手引き」を参照して作成）

ダクトイノベーション」「2．プロセスイノベーション」「3．外的評価の向上」「4．職場内の効果」の4つがあります。

それぞれ、企業事例も紹介しながら解説していきます。

1　プロダクトイノベーション

プロダクトイノベーションとは、これまでにはない革新的な新商品やサービスを開発することで、世の中に新たな価値を提供するイノベーションのことを指します。

たとえば、キリンホールディングス株式会社が2001年に発売した「氷結®」は、当時29歳だった佐野環氏が担当として参画し、開発された商品です。「働く若い世代が、新幹線の中で飲んでも恥ずかしくない缶チューハイ」をコンセプトに開発したところ、30代女性に数多く支持され、累計160億本のロングセラー[2]になりました。

2　2021年11月時点。キリンビール株式会社2021年11月24日ニュースリリースより。

担当者自身が、生活者視点を持ち、自分がこういう生活をしたい、こんな人が増えたらよいなという目線が、消費者の共感を生んだ素晴らしい例です。

② プロセスイノベーション

プロセスイノベーションとは、製品・サービスを開発、製造、販売するための手段を新たに開発したり、改良を加えたりすることを指します（管理部門の効率化を含む）。

プロダクトイノベーションは売上を上げることによって財務的価値を生み出すのに対し、プロセスイノベーションはコストを削減し、生産性を高め、利益率を上げることによって財務的価値を生み出します。

神奈川県の鶴巻温泉に、**元湯陣屋**という老舗旅館があります。同旅館の4代目女将宮﨑知子氏は、働き方改革を進めた結果プロセスイノベーションを起こすことに成功しています。

旅館業には、「たすきがけシフト」というシフトパターンが存在します。昼に出勤をして夜に退勤し、翌朝また出勤をして昼まで働くのが1セットになります。勤務時間がたすきがけのようになることから「たすきがけシフト」と呼ばれています。

チェックインからチェックアウトまで同じスタッフが同じゲストを担当でき、きめ細かいサービスができることから旅館業では多いシフトパターンのようなのですが、このシフトパターンだと、お昼に退勤しても、翌日のお昼過ぎにはまた出勤をすることになります。

つまり「週休2日」といっても、「半日（午後）＋半日（翌日午前）」で1日と捉えるので、スタッフは1.5日程度の休みしかとれませんでした。計算上は1日8時間勤務が厳守されていても、不規則な生活になってしまうため当時の離職率は30％を超えていたといいます。

そこで陣屋は、2014年に「完全週休2日」に踏み切ります。年中無休が一般的だった旅館業において、週に2日「休館日」を設けたのです。

また4年後の2018年には休館日を3日（火・水・木曜日の3日間が

休館日）に増加させ、2020年には、就業規則を変更して従業員の働き方を変形労働時間制に。全従業員が「完全週休2日」を取れるようになりました。

しっかりと休みを取れるようになったことにより、一人ひとりの生産性やサービスの質は向上。さらに客室の稼働率はアップし、光熱費は大幅に減りました。また休館日のタイミングで設備のメンテナンスも計画的に進められたといいます。

さらにIT化も進め、属人的な業務や業務の無駄を減らしていきました。誰が担当しても、同じようにきめ細やかなサービスを提供できるようにしたことによって、顧客満足度も、接客に手応えを感じられるようになった従業員のやりがいもアップしたそうです。その結果、**業績はV字回復を遂げ、30％を超えていた離職率は2017年には3％にまで低下**したそうです。

このように、売上を上げるだけではなく、サービス提供の過程に変革を起こすことで生産性を向上させ、結果的に財務的価値を生み出すことができます。陣屋の働き方改革は、プロセスイノベーションの素晴らしい事例だと思います。

3　外的評価の向上

外的評価の向上とは、優秀な人材の獲得、顧客満足度の向上、社会的認知度の向上などを指します。

ITサービスを提供する**SCSKグループ**（以下、SCSK）は、2013年から働き方改革に取り組んでいる会社です。社会の重要インフラである情報システムを24時間365日提供し続けるIT業界は、長時間労働に繋がってしまう課題を抱えている企業も多くあると思います。

その中で、他社に比べて早いタイミングで、女性活躍と働き方改革を始めました。まずは「スマートワークチャレンジ」（月間の平均残業時

間を20時間未満、年次有給休暇の20日間完全取得を目標）や、フレックスタイム制の拡大や裁量労働制の導入など、働き方に関する制度の柔軟性を高めていきました。

　しかしながら、すぐに社員の意識を変え、組織文化として定着するのは難しかったそうです。そこで、社長は「働きやすい、やりがいのある会社」へと変革する熱意と覚悟を伝えるべく「削減できた残業代はすべて社員に還元する」と決定。残業削減で浮いた金額は、「社員の健康の原資」として、特別ボーナスとして全額返金すると決めました。

　これを受けて、平均月間残業時間を前年度平均比20％削減する「20時間以内」を達成し、「20日」ある有給休暇をすべて取得するための取り組みが始まりました。

　しかし、クライアント先で開発や保守運用を担当する社員が半数近くいるSCSKにおいて、この目標を達成するためにはクライアントからの理解を得なければなりませんでした。そこで、経営トップである社長自らクライアントへ手紙を書き、役員がクライアントの役員層の元へ持参して協力を仰いだそうです。その結果、**有給休暇取得率は94.4％、月間平均残業時間は17時間へと削減（2018年度）。従業員満足度も向上**したといいます。

　そして、この取り組みが社外でも評価され、**厚生労働省による「くるみん認定」、「えるぼし認定」、経済産業省による「ダイバーシティ経営企業100選」や、「なでしこ銘柄」の連続受賞**など、対外的にも高く評価がされています。

4　職場内の効果

　職場内の効果とは、社員のモチベーション向上や職場環境の改善などを指します。こちらは、**サイボウズ株式会社**の取り組みが有名かと思います。

　働き方改革を推進する前のサイボウズの離職率は、28%でした（2005年、過去最高）。そこで、**「100人100通りの人事施策」**と打ち出しました。組織や評価制度を見直し、ワークライフバランスに配慮した制度や、社内コミュニケーションを活性化する施策を実施していきました。またこの制度は、「個人の幸福とチームの生産性を両立するために、100人いれば100通りの働き方を追及する」という考え方であり、平等よりも公平を重視し、時には一人のメンバーの希望から新しい制度が作られることもあるのです。

　たとえば、最長6年間取得可能な育児・介護休暇制度。妊娠判明時から取得可能な「産前休暇」、「育児・介護短時間勤務制度」も取り入れており、社長である青野慶久氏自身も3度の育児休暇を取得しています。

　また、「働き方宣言制度」は非常にサイボウズらしい制度の一つかと思います。これはライフステージの変化に合わせて働き方を選択できる人事制度のことで、育児、介護に限らず、通学や副（複）業など個人の事情に応じて、勤務時間や場所を決めることができます。
　他にも、「子連れ出勤制度」や、慶弔金などは事実婚、同性婚、法律婚の区別なく利用・取得が可能など、多様な人財が活躍できるような施策が実行されてきました。その結果、**現在の離職率は3〜5%**になっています。

　このように、ダイバーシティの推進は社員のエンゲージメントとロイヤリティ両方の向上を実現することができます。多様な人財が働き続けられる会社は、採用競争力が高く、イノベーションも起きやすいのです。

3　DEI推進が進まない会社の課題

1 「女性活躍が進んでいない」企業には、300件もの経営課題
　　が潜んでいる！？

　逆にダイバーシティ・DEIが進んでおらず、"女性の管理職が少ない"
という状況がある企業は、実はそれは氷山の一角で、その裏に多くの潜
在的な課題が潜んでいると危機感を持っていただければと思います。

　労働災害の発生確率を1：29：300という比率で示した、**ハインリッ
ヒの法則**というものがあります。

　この法則は、「1件の重大災害」が起こる裏には「29件のかすり傷程
度の軽災害」があり、更にその裏には「300件ものヒヤリハット」があ
るというものです。つまり、1件の重大災害は氷山の一角でしかなく、
その裏には、より多くの課題が存在するということを示しています。

図表2-4　ハインリッヒの法則を元にした組織課題

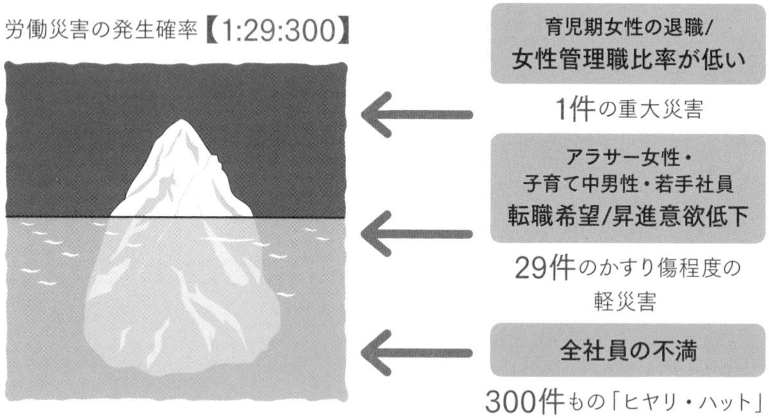

労働災害の発生確率【1:29:300】

育児期女性の退職/
女性管理職比率が低い

1件の重大災害

アラサー女性・
子育て中男性・若手社員
転職希望/昇進意欲低下

29件のかすり傷程度の
軽災害

全社員の不満

300件もの「ヒヤリ・ハット」

　図表2-4のようにこの法則にあてはめながら「女性活躍が進んでいな
い」課題を見てみましょう。もし会社の中で「女性管理職が少ない・育
児期の女性社員の退職が多い」という課題が発生している場合、その裏

には、**妊娠・出産などのライフステージを控えている女性社員や、育児中の男性社員、若手社員達の「転職希望や昇進意欲低下」**という課題が隠れています。そして、さらにその背後では**全社員が働き方に対して不満を抱えている可能性がある**のです。なぜかと言うと、「育児期の女性社員が退職している」ということは、定時で帰れたり、柔軟に働ける環境ではないということが見えてきます。長時間労働が恒常化していたり、長時間労働の人が評価される環境であるかもしれません。そういった環境下では、長期的に働きつづけたいと考えている若手社員にとっては、魅力的に感じられず、不満を抱えている可能性があるのです。

　育児期の社員が辞めている、女性管理職比率が上がらないことを「女性社員本人」のせいにしていませんか？　その裏側に重要な組織課題がいくつもあるということに危機感を持ちましょう。

2 10年後、あなたの会社はどうなっていますか？

　弊社で実際にコンサルを行う企業様には、まず「10年後の社員構成比」を出していただくことをおすすめしています。この結果を見てみると、DEIや女性活躍が経営戦略に必要な理由がよく分かります。

　実際の結果を見てみると**「女性社員だけが辞めていると思いきや、若手の男性社員の方が辞めている」**という事実が多く発生します。

　これは年功序列で**「いくら成果を出したとしても若いうちは評価されない」**という人事制度や、男性も含めて**「育児・介護をしながら働き続けられない」**働き方のあり方に不満を感じ、転職をしてしまう優秀な若手社員が増えていることが分かります。

　実際の企業の結果として多い傾向を図表2-5に示しています。現在の社員構成比を出すと、まず「性別に関係なく、20代と30代の退職者が多い」ということが分かります。

　また現在の採用・離職率が固定だったと仮定した、10年後の社員構成比を作っていただきます（少子高齢化などに伴って労働力人口は今後減っていくので、採用が難しくなっていきますが、一旦一定としていま

す）。10年後には、50代以上の社員が多くを占める社員構成比が完成します。

　現状の20代・30代の離職対策をしていないため、企業を運営していく上で欠かせない働き手である30代がごっそりいなくなってしまうのです。加えて、50代以上の社員が多くなるということは、現在のまま年功序列の制度が続けば人件費は今よりもはるかに高くなるということに他なりません。つまり、**働き手が少ない一方、人件費は上がる**という、2重の意味で組織運営が難しい状況になってしまいます。

図表2-5　10年後の社員構成比の例

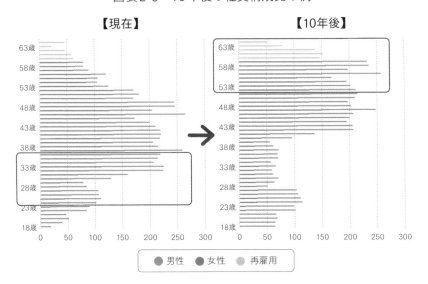

　このように、「10年後の社員構成比」を見てみると、現在会社に所属している社員が**「性別やライフステージ問わず、誰もが継続的に働き続けられる環境を作ることが、企業を存続させる上でとても重要だ」**ということをお分かりいただけるかと思います。

4 企業が女性活躍からDEIを進めるメリット

1 女性が最も多いマイノリティ

　人的資本経営を含むダイバーシティ・DEIの推進が、いかに企業にとって重要なことか分っていても、どこから始めたらいいのか分からない方もいると思います。

　DEIを推進する場合、「女性」「育児期」社員から始めるのがオススメです。

　1つ目の理由は、**「女性」がマイノリティの中のマジョリティ**だからです。マイノリティとは、「少数」「少数派」という意味ですが、ここで言うマイノリティとは「社会的マイノリティ」を指します。数としては少数でなくても、**社会的な構造により、発言力が弱い立場になっている集団を指しています**。企業の中で働く上で、様々な状況の人がいますが、その中で最も人数が多いのが「女性」「育児期」社員なのです。

　人数として多い属性がまずは活躍できる環境でなければ、当然他の人達も難しいという考えから、ダイバーシティ経営の第一歩として、まずは女性活躍から取り組み始める企業は多く存在します。

　特に、外資系企業はグローバルの本社から「え？まだ女性さえも活躍できないなんて、世界中から優秀なタレントを獲得することなんてできないよ」とフィードバックをされて取り組み始めた……なんていう話もよく聞きます。

　2つ目は、男性も含めて、育児をしながらキャリアアップができる環境の実現は、性別や年齢、ライフステージに関係なく、多様な人材が活躍できる状態だからです。

　どういうことかと言いますと、育児をしながらキャリアアップするためには、**保育園のお迎えの時間**（18時まで）に間に合うように当たり

前に帰ることができて、**突発的な病気**の時に対応することができて、**自分の裁量でマネジメント**をすることができ、その状況が**受け入れられている（評価・理解されている）**環境が整っている必要があります。

　すなわち、育児期の社員が働きやすく、かつキャリアアップできる企業というのは、社員全員が現実的に定時に帰ることができ、柔軟な働き方が可能・またはチームで補うことが可能であり、権限委譲がされていて、それに対する理解と評価制度があるということになります。

　この環境を会社全体で進めていくことが重要です。しかしながら一度に制度だけつくっても動かない状況もあると思います。その際は、まずは自分の部署から実現できるように進めていけば、全体に広がっていきます。

図表2-6　労働環境と風土

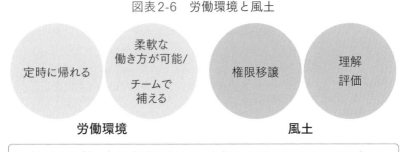

一度に全部実施しようと思わず、一人ひとりの状況を捉えて支援できる方法を考えることが大切です。まず育児期から始める理由は、育児の方が介護等に比べて状況の多様性が少なく、分かりやすいからです。

　私自身、20代の時に父の介護と看取りをしましたが、介護は「同居しているかどうか」や認知症かどうか、健康状態などを含めて状況が複雑です。そのため、まずは育児期社員の状況に対応できれば、より複雑な変数の多い介護中の社員や、社員自身が病気になった時などにも柔軟に対応することができます。

時間的な制約があったり、不測の事態（子どもの病気など）が度々起こったりするケースに対応できる働き方・チーム作りを考えていくと、自ずと労働環境と組織風土が変わっていく（変えざるを得ない）ことになります。

女性活躍を中心に据えた改革は、一番分かりやすく、取り組みやすい。そして、**実現した暁には、より多様な人財が働きやすい企業へと成長できる**のです。

❷ 女性活躍が企業にもたらすメリット

・**女性役員が多い企業は経営指標が好成績**

現状として、女性活躍推進は、現在従業員数301名以上の企業のうち71%が取り組んでいるという調査結果があります[3]。また、上場企業における女性役員の比率も、少しずつではあるのですが、上昇傾向にあります。

図表2-7に示している米国におけるCatalyst（女性と企業分野における米国を拠点とした代表的なNPO）による調査では、女性役員の人数がゼロの企業と、女性役員の人数が3名以上の企業とでは、女性役員の人数が3名以上の企業の方が「経営指標が良い」ということが分かっています。

第2章　ダイバーシティが組織に与えるポジティブな効果

3　エンジャパンが運営する人事向け情報サイト『人事のミカタ』上で、サイトを利用している企業の人事担当者を対象に「女性の活躍推進」についてのアンケートを実施。有効回答数415社の結果。調査期間は2021年2月3日〜3月9日。

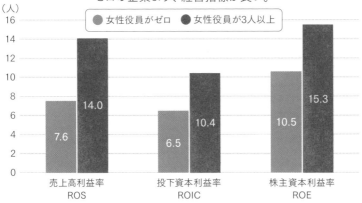

図表2-7　女性役員数と経営指標の関係性

【米国の調査】

5年間の内少なくても4年間、女性役員の人数が3名以上の企業の方が
ゼロの企業より、経営指標が良い。

（人）

- ● 女性役員がゼロ
- ● 女性役員が3人以上

	売上高利益率 ROS	投下資本利益率 ROIC	株主資本利益率 ROE
女性役員がゼロ	7.6	6.5	10.5
女性役員が3人以上	14.0	10.4	15.3

備考： 1. 2004-2008年のうち、少なくとも4年間女性役員の人数がゼロの企業と3人以上の企業を比較。
2. ROS、ROIC、ROEデータは2004-2008年の平均値。
3. 企業データはフォーチュン誌の米国企業トップ500。

（出典：Catalyst「The Bottom Line: Corporate Performance and Women's Representation on Boards (2004-2008)」から作成）

　こうしたことから、経営的な意思決定をする上で役員層がダイバーシティに富んでいることは、経営指標にも良い影響をもたらすということが分かります。

　女性活躍推進は、働き方の多様化の実現だけではなく、財務的なメリットもあるのです。

・女性管理職比率が高い企業ほど、組織風土が良い

　女性管理職比率が高い職場には、共通点があります。それは、**「組織風土の良さ」** です。図表2-8は、「Great Place To Work」という働き方に関する調査を行っている機関による調査結果をグラフにしたものです。女性管理職比率を確認することができた226社に対して、組織の風土についてアンケート調査を行ったものになります。女性管理職比率が高い順にG群、M群、P群と分類されています。

図表2-8　女性管理職比率の高い職場の特徴

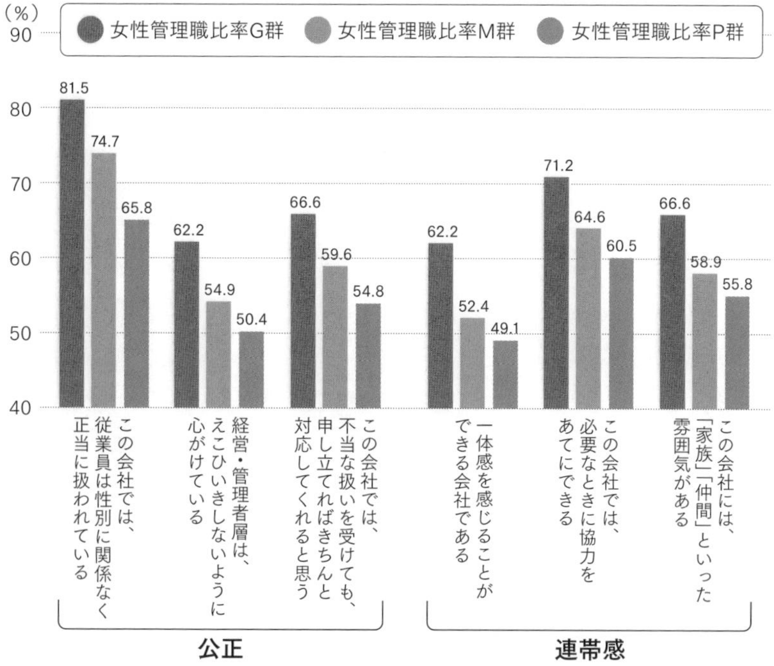

（％）
90

● 女性管理職比率G群　　● 女性管理職比率M群　　● 女性管理職比率P群

80　81.5
　　74.7
　　　65.8

70　　　　　　　　　　　　　　　　　　　　　　71.2
　　　　　　66.6　　　　　　　　　　　　　　　　64.6　　　66.6
　　62.2　　　59.6　　　　　　62.2　　　　　60.5　　58.9
　　　54.9　54.8　　　　　52.4　　　　　　　　　　55.8
60　　50.4　　　　　　　　　　　49.1

50

40

公正
この会社では、従業員は性別に関係なく正当に扱われている
経営・管理者層は、えこひいきしないように心がけている
この会社では、不当な扱いを受けても、申し立てればきちんと対応してくれると思う

連帯感
一体感を感じることができる会社である
この会社では、必要なときに協力をあてにできる
この会社には、「家族」「仲間」といった雰囲気がある

備考：・対象：女性管理職比率を確認することができた226社
　　　・調査期間：2016年10月1日〜2017年9月30日

（出典：Great Place to Work®〔2017年公開／2019年更新〕「女性管理職比率が高い会社と、従業員の働きがいは関係があるのか？」）

　その結果、女性管理職比率が高い企業ほど高く出ていたものが**「公平性」**と**「連帯感」**でした。

　「公平性」に分類される組織風土の具体例は、「この会社では従業員は性別に関係なく正当に扱われている」「経営・管理者層はえこひいきしないように心がけている」「この会社では、不当な扱いを受けても申し立てればきちんと対応してくれると思う」などです。

　上記に、「女性」というキーワードが出てきていない事にお気付きでしょうか。「女性管理職比率が高い職場」とは、女性に関する特別な人事制度が設けられているわけではなく、**「属性を理由にキャリアアップできないような構造上の問題が無い職場」**だということです。

次に、「連帯感」を見てみましょう。「一体感を感じることができる会社である」「この会社では、必要なときに協力をあてにできる」「この会社には、『家族』『仲間』といった雰囲気がある」などが高く出ていました。

一言で言ってしまうと、**「声を聞いてもらえる職場かどうか」**ということです。DEIの、インクルージョンの部分に対する意識の強さですね。

また図表2-9に示しているピースマインド株式会社の調査によると、**女性管理職比率の高さが従業員のウェルビーイングに直接的に効果がある**ということが分かりました。また「実際に、女性管理職比率の高さに伴う従業員の変化を、直接効果と間接効果に分けて分析してみると、女性管理職比率が高くなることに伴って、直接的に従業員のウェルビーイングが高まるというよりは、**従業員の職場環境が変化し、間接的に従業員のウェルビーイングが高まる可能性がある**」と述べられています。

図表2-9　ジェンダーギャップ解消とウェルビーイング向上の関わり

女性管理職比率の高さと、従業員・職場のウェルビーイングの関係

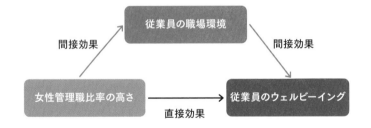

（出典：ピースマインド株式会社〔2021〕「【調査分析】女性管理職比率の向上が従業員のウェルビーイングにポジティブな影響」）

1．女性管理職比率の高さが、直接、従業員のウェルビーイングに与える影響（直接効果）
2．女性管理職比率の高さが、従業員の職場環境に影響を与え、間接的に従業員のウェルビーイングに与える影響（間接効果）

図表2-10　女性管理職比率の高さがポジティブな影響を与える
職場環境要因トップ7

順位	職場環境尺度
1	人事評価に関する説明
2	成長の機会
3	キャリア形成教育・施策
4	仕事による私生活へのポジティブな影響
5	ほめてもらえる職場
6	上司のサポート
7	個人の尊重

（出典：【調査分析】女性管理職比率の向上が従業員のウェルビーイングにポジティブな影響〔2021〕）

　具体的には、図表2-10に示しているように、女性管理職比率が高くなると「1．人事評価に関する説明」「2．成長の機会」「3．キャリア形成教育・施策」「4．仕事による私生活へのポジティブな影響」「5．褒めてもらえる職場」「6．上司のサポート」「7．個人の尊重」という点に関して、職場環境がポジティブに変化したということです。

　「この結果から、女性管理職比率が高くなると、従業員は業務中のサポートや人事評価についての説明が受けやすくなり、業務を通じた成長やキャリア形成がしやすくなったり、業務を進める中で上司から賞賛を受けやすくなったりすることで、個人として尊重されている感覚を得て、仕事からポジティブなエネルギーを受け取りやすくなる傾向がある」と結論づけています。女性管理職が増えると、このような効果があるということと同時に、女性が管理職になれるような環境作りの際には上記7点の環境を改善していく過程をたどることも影響していると考えられます。

・組織風土の良さは、従業員エンゲージメントと生産性に大きく寄与する
　公平性と連帯感のある組織風土の良さが企業にもたらすメリットは、

女性役員比率を高める以外にもあります。株式会社リンクアンドモチベーションによる「従業員エンゲージメントの近年の傾向」という調査によると、ES（従業員満足度）との相関関係が一番高い項目として**「相互尊重の精神」**という結果が出ています。言い換えると、心理的安全性です。インクルーシブな環境は従業員のエンゲージメントに最も相関があり、心理的安全性が高い組織ほど、従業員エンゲージメントも高いと言われています。

　また、第二位には**「企業経営陣に対する信頼」**がランクインしています。これは私自身様々な企業を見てきた中でも実感している事ですが、正直な話、女性管理職比率が低かったり、多様性を受け入れていなかったりする企業ほど、従業員の**経営陣に対する信頼度は低い**ように感じます。

　公平に評価されている実感が得られなかったり、残業を見直す風土がなかったりすると、「本当に従業員達のことを考えてくれているのかな？」とか、「経営陣は会社の将来のことをちゃんと考えているのだろうか？」と不信感を抱いてしまうのではないでしょうか。

　エンゲージメントの生産性への効果に関して様々な研究結果が得られています[4]。従業員エンゲージメントを高める事は、最終的に企業の利益にも繋がっていくのです。

　女性活躍から始めてダイバーシティ・DEIを推進することが、企業にとって財務的にも非財務的にも良い影響があるということがお分かりいただけたでしょうか。

4　GALLUP（2023）によると、エンゲージメントスコア上位25％の企業は、下位25％の企業と比較して生産性が14％向上したことが明らかになった。

第 **3** 章

日本における
女性活躍の歴史

1 女性活躍分野における法整備

1 高度経済成長期時代の日本の労働環境の変化と、性役割分業の関係性

　ダイバーシティや女性活躍が特に求められるようになってきた背景は、第1-2章でご説明した通り、労働人口の減少やESG投資額の増加といった社会的・経済的な状況が影響しています。

　しかしながら、**日本の2022年の国際ジェンダーギャップ指数[1]は146か国中116位と、先進国の中では最低レベルで**、アジア諸国の中でも韓国や中国、ASEAN諸国より低い結果となっています。数値の伸び率で見ても、日本はほぼ横ばいという状況で、改善が見られません。

　ではなぜ、日本ではジェンダーギャップが埋まらないのでしょうか。そこには、一筋縄では解決できない、重層的な問題が存在しています。

　例えば、図表3-1で示しているように、「個人」や「家庭」内での固定観念や性別役割分担意識。また、「企業」の長時間労働や人事制度。「地域」における経済的な状況や保育・教育のサポート環境。そして「国」では意思決定層が同質的で、多様な人の意見を受け入れるのが難しいといった課題があります。

　なぜこのような構造や意識が生まれてしまったのでしょうか。女性活躍の本質的な施策を行うためには、戦後の日本の高度経済成長期までふり返る必要があると考えられます。

　日本の工業化は、明治維新（1868年）後の1880年代半ばから20世紀初頭にかけて選んだと言われています。

　工業化する前である、戦前の明治30年代前半頃は、第1次産業（農林水産業）人口が、有業人口の約3分の2を占めており、実は性別年齢

1　世界経済フォーラム（WEF）が毎年公表している、経済活動や政治への参画度、教育水準、出生率や健康寿命などから算出される男女格差を示す指標。

図表3-1　日本で女性活躍が進まない重層的な問題

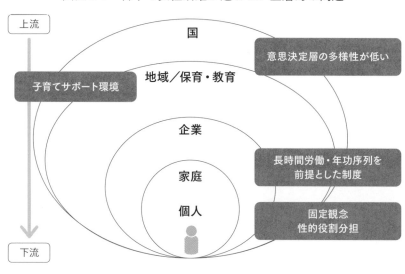

関係なく、全ての人が働く環境があり、それに伴って子育ても近所の人
も含めて皆で行う時代がありました。

　第一次世界大戦終戦後（1945年）になると、日本経済の飛躍的な発
展、工業化が推進し、都市化と大衆化が社会の様々な局面で現れ始めま
した。**高度経済成長期は1955年頃から1973年頃まで続き、実質経済
成長率が年平均で10％前後を記録**しています。

　日本の経済成長を担ってきたのは、輸送機械工業、電気機械工業、汎
用・生産用・業務用機械工業などの**製造業**でした。都市部に創られた工
場に、農村から多くの人が移り住み、一気に**都市化**が進んだのです。ま
た大都市圏に移り住んだ労働者は、その土地で家族を形成していくこと
になり、居住地に地縁がない**核家族世帯**が増えていきます。

　こうした産業構造の変化が、働き方や家族の形、性別役割分担を変化
させることの大きな要因となっていると言われています。

高度経済成長期の中で、国民の生活が少しずつ豊かになっていき、家電が普及していきます。**白黒テレビ・洗濯機・冷蔵庫の家電３品目が「三種の神器」**というのは、聞いたことがある方も多いと思います。このように、物が無かった時代から、物を作り、国民が買える状態になったことで、需要と供給が順調に伸びていったのです。

　日本の労働力は、高い教育水準で良質であるにも関わらず、安い労働力であり、金の卵とも言われていました。「大量に商品を作れば、大量に売れる」という時代において、**労働力として、力がある男性に長時間・長期間働いてもらうことがとても効率的**だったのです。だからこそ、日本政府も企業もその時代にあった政策を取っていきます。

　「男性に・長時間・長期間」働いてもらう為には、家庭の中で支えてくれる人が必要になります。そのため、結婚した女性が専業主婦になっても問題がない体制を整えたのです。
　夫１人で家族を養い得る給与と終身雇用、社宅等の福利厚生です。この頃には、**終身雇用の男性の雇用者と無職の妻からなる「片働き世帯」が典型的な家族モデル**になっていました。
　また日本政府は、1961年には**配偶者控除**を創設し、収入のない又は少ない配偶者がいる場合に認められる税金の控除制度を導入。このような社会構造から、より「片働き世帯」が増加していきます。

　また、企業では「日本的」な制度・慣行が確立していきます。年齢が上がるほど給与が高まるという、**年功序列賃金**とあわせて**終身雇用制度**を採用。さらに、昇格を条件に**全国転勤**を命じることにより、企業が事業を発展させる上で、効率的に人材配置を行える仕組みを整えました。この時に導入された「終身雇用」「年功序列」「企業内労働組合」は、アメリカの経営学者Ｊ・Ｃ・アベグレン（James Christian Abegglen）の著書『日本の経営』の中で、**「戦後の人事の三種の神器」**と言われています。この時代に培われた**「専業主婦」**という概念と**「年功序列・長時**

間労働」という概念が、今にも根強く残っているのです。

2 男女雇用機会均等法

しかし、そうした時代は長くは続きません。1990年代にはバブルが崩壊し、景気が低迷していきます。このような状況になると、多くの企業は、家庭へのサポートをする体力を失っていきます。そうした体制を保証する社宅や給与などを確保できない企業も増えてきました。

バブル崩壊前の1985年には**「男女雇用機会均等法」**が制定され、1986年に施行されています。これは、雇用する際の募集や採用、配置や昇進、教育訓練や福利厚生、退職や解雇の際に、**性別を理由にした差別を禁止する法律**として制定されています。

戦後の産業発展から事務職が大幅に増加し、専業主婦を含め、短時間労働で働くパートタイマーとして女性が多く雇用されていました。しかし、企業側は女性だけに対して**「結婚したら退職」**や、**「30歳で定年」「4大卒は採らない」「親元から通勤できなければ採用しない」**などの条件つきで雇うなど男性とは異なる取扱いを行う企業が見られたのです。

1981年に発効した**「女性差別撤廃条約[2]」**に日本が署名したことを契機として、雇用における差別撤廃として「男女雇用機会均等法」が制定されたのです。

このように、日本の景気の下降と、「男女雇用機会均等法」の制定が合わさり、女性の労働力を促進する動きが出てきました。

図表3-2は、1985年の男女雇用機会均等法が成立、1986年に施行してからの女性活躍分野の流れを年表で表したものです。

2　正式名称「女子に対するあらゆる形態の差別の撤廃に関する条約」。1979年第34回国連総会において採択され、日本は1980年に署名した。

図表3-2　女性活躍・働き方改革に関わる法律の流れ

1986年	男女雇用機会均等法 施行
1990年	1.57ショック
1992年	育児休業法 施行　※1995年に育児・介護休業法に改正
2003年	少子化対策基本法 公布・施行
	── 待機児童解消などの流れ
	次世代育成支援対策推進法 公布・施行
	── 一般事業主行動計画策定の義務化（従業員101名以上の企業）
2007年	仕事と生活の調和（ワークライフバランス）憲章
2010年	改正労働基準法 施行
	── 法定外労働に対する割増賃金率増加、時間単位有給休暇
	育児·介護休業法 改正
	── 男性も育休が取りやすくする流れ
2015年	**女性活躍推進法 公布・施行**
	── 一般事業主行動計画の公表の義務化（2016年より従業員301名以上の企業へ義務化）
2019年	働き方改革関連法 公布
2019年	**女性活躍推進法 改正**
	── 公表の義務化を従業員101名以上の企業に拡大（2022年施行）
2021年	育児·介護休業法 改正 ── 男性版産休の新設
2022年	女性活躍推進法 全面施行 ── 男女間賃金差異の情報公表

　次に日本は、少子化の危機に襲われます。1990年の**「1.57ショック」**です。この1.57という数字は出生率です。この24年前、1966年は干支でいう「丙午（ひのえうま）」にあたり、「丙午生まれの女性は気性が激しく夫を早死にさせる」という迷信により産み控えが増え、過去最低の合計特殊出生率1.58を記録したのですが、この時の出生率をさらに下回ってしまい、その衝撃を指して「1.57ショック」と言われています。この時点で、既に**少子化問題は懸念**されていました。

　この時から、実質的に「労働力を確保しながら、子どもを増やす」という施策、つまりは**性別関係なく仕事と子育てを両立できる仕組みを創る必要性**が出てきました。

　日本よりも早く少子化の危機が訪れた北欧は、本質的に**女性が育児をしながら活躍できる環境**をつくるために、**「男性の家庭参画」**と**「働き方改革」**を行い、社会保障も充実させていきました。

　しかしながら、日本の少子化対策は、「男性の家庭参画」と「働き方改革」を行わないまま、また女性に**活躍**を促さずに両立支援だけを促進するものでした。

3　両立支援と活躍支援

　女性活躍推進の施策について考える上で、重要なポイントは**「両立支援」**と**「活躍支援」**の両輪で進めていくことです。**両立支援**とは、働きやすさや、仕事とプライベートの両立などについての支援です。具体的には育児休業や時間短縮勤務、フレックスタイムや在宅勤務など柔軟な働き方を促進するものを言います。また**活躍支援**とは、均等支援やキャリアアップ支援とも呼ばれることがあります。女性がキャリアップを促進するポジティブアクションの施策を指し、具体的には女性の採用比率の向上や、管理職への登用を促進する措置などの施策です。

　この2つの支援は、どちらかが欠けることなく、両輪で実施する事が重要なのです。もし両立支援だけに偏っていた場合、仕事をせずに「休む」制度ばかりが増えていく事になり、女性や育児期社員の活躍は逆に阻害されます。例えば、「育休を3年間取得ができる」という法定以上の制度があり、且つ休みなく働く人が登用される人事制度だった場合、育休を長く取れば取るほど登用の時期が遅れ、キャリアアップは阻害されてしまいます。

　逆に両立支援がないまま、活躍支援だけを進めてしまうと、時間制約なく働ける人だけが登用されるという形になります。特に日本は、両立支援の法整備の方が先に進んだ経緯があり、「女性活躍推進＝両立支援の充実」と考えている方が多くいます。しかしそれだけでは、多様な人材がキャリアップすることが難しいため、**「活躍支援」も含めて取り組む必要**があるのです。

〈活躍支援と両立支援の施策例〉[3]
　● 活躍支援
　1．女性採用比率の向上施策

2．特定職務への女性の設置比率向上施策

3．女性専用の窓口の設置

4．管理職の男性や同僚男性に対する啓発

5．女性に対するメンターなどの助言者の配置

6．人事考課基準の明確化

7．女性の役職者への登用を促進する措置　など

●両立支援

1．育児休業制度（法定以上）

2．育児のための短時間勤務制度（法定以上）

3．フレックスタイム制度

4．始業・就業時刻の繰り上げ・繰り下げ

5．法定外労働（残業）を免除する制度

6．事業所内託児施設の運営

7．子育てサービス費用の援助措置など

8．在宅勤務制度

9．子の看護休暇制度

10．職場復帰支援策

11．配偶者が出産の時の男性の休暇制度

12．転勤免除

13．介護休暇制度

14．介護のための短時間勤務制度　など

3　武石（2014）では、企業の両立支援施策として「1）育児休業制度（法定の期間を超えている制度）2）育児のための短時間勤務制度（法定の期間を超えている制度）、3）フレックスタイム制度、4）始業・終業時刻の繰上げ・繰下げ、5）所定外労働（残業）を免除する制度、6）事業所内託児施設の運営、7）子育てサービス費用の援助措置など（ベビーシッター費用など）、8）在宅勤務制度、9）子の看護休暇制度、10）職場復帰支援策（復帰をスムーズにするためのセミナーの開催など）、11）配偶者が出産の時の男性の休暇制度、12）転勤免除（地域限定社員制度など）、13）介護休暇制度、14）介護のための短時間勤務制度」を挙げている。また、企業の女性活躍推進施策として「1）女性の就業意欲を向上させる取り組み、2）女性の管理職登用や職域拡大の状況の「見える化」の取り組み、3）雇用管理のあらゆる場面で女性に対する差別をなくす取り組み、4）セクハラやいじめの防止，迅速・厳正な対応への取り組み」を挙げている。

4　くるみんとえるぼしの誕生

　1992年に育児休業法が制定され、1995年には、育児・介護休業法に改正。2003年には**少子化社会対策基本法**と**次世代育成支援対策法**が制定されます。これにより企業は、両立支援に積極的に取り組むことが推奨され、従業員の仕事と子育ての両立に関する**一般事業主行動計画[4]の策定**を企業に義務化していきます。次世代育成支援対策法では、両立支援に積極的な企業を認定し、**「くるみん」マーク**を付与することも定めています。

　またこの頃、保育園に子どもを預けて働けるようにするために、保育園の待機児童の問題が次第に注目されるようになってきますが、この時はまだ、待機児童解消に向けての動きはほとんど進みませんでした。

　2007年には仕事と生活の調和（ワーク・ライフ・バランス）憲章、2010年には改正労働基準法が施行され、法定割増賃金率が引上げられ、代替休暇、時間単位年休などの制度が導入されます。そして同年施行の育児・介護休業法の改正で、男性も育児休業を取得しやすくしていきます。

　表面上は、ワーク・ライフ・バランス（以下、WLB）を取りやすいように進めていきますが、**実態は「育児期社員のみ」に制度が限定されていたり、育休を法定よりも長くしていくなど両立支援に偏っている企業が多く存在**しました。また、男性育休についても、「1名取得」すれば、くるみん取得ができるなど、強い推進にはならなかったのです。

　2015年は第2次安倍内閣の下、「ニッポン総活躍プラン」が掲げられました。高年齢者も若者も、女性も男性も、難病や障害がある人も、誰もが今よりももう一歩前へ踏み出すことができる「一億総活躍」社会の実現に向けて**高年齢者雇用安定法**の改正や、**障害者雇用促進法**の改正など、多くの法律が成立、改正されました。

4　企業が従業員の仕事と家庭の両立や多様な労働条件の整備、女性の活躍推進への積極的な取り組みを行うにあたって、策定する計画のこと。

その中で**女性活躍推進法**が2015年に公布・施行されます。この法律は、女性の人材育成や登用を含めた活躍を促進するためのもので、一般事業主行動計画に活躍支援の取り組みを記載することを企業に義務化しています。また活躍支援に積極的な企業を認定し、**「えるぼし」マーク**を付与しています。

「次世代育成支援対策推進法（くるみん認定）と、女性活躍推進法（えるぼし認定）の違いが分かりづらい」という声をよく聞きますので、ここで説明させていただきます。

先ほど説明した「両立支援」と「活躍支援」で考えると、**くるみんは**

図表3-3　次世代育成支援法と女性活躍支援法

	次世代育成支援対策推進法	女性活躍推進法
制定・管轄	2003年（2022年改正） ※時限立法2025年3月まで 厚生労働省	2015年（2019年改正　2022年全面施行） ※時限立法2026年3月まで 厚生労働省
マーク		
くるみん認定	**「子育てサポート企業」**として、厚生労働大臣の認定を受けた証	**「女性活躍推進企業」**として、厚生労働大臣の認定を受けた証
概要	常時雇用する労働者が101人以上の企業は、行動計画を策定し、その旨を都道府県労働局への届出の義務	常時雇用する労働者が101人以上の企業は、行動計画を策定し、その旨を都道府県労働局への届出の義務
認定基準	主な認定基準 ・男性労働者のうち育児休業等を取得した者の割合が**10%以上**など ・女性労働者の育児休業等取得率が、**75%以上**であること ・3歳から小学校未就学児を育てる労働者への措置 ・所定外労働の削減、年次有給休暇の取得の促進、働き方のための措置をしていること等	女性が能力を発揮しやすい職場環境であるかという観点から、以下5つの評価項目が定められている。 1. 採用 2. 継続就業 3. 労働時間等の働き方 4. 管理職比率 5. 多様なキャリアコース

子育てサポート（両立支援）　　**女性活躍（活躍支援）**

（出典：厚生労働省ウェブサイト「次世代育成支援対策推進法」「女性活躍推進法特集ページ（えるぼし認定、プラチナえるぼし認定）」より、内容を要約して作成）

「両立支援」、えるぼしは「活躍支援」のための制度と覚えていただけると分かりやすいかと思います。

　まず次世代育成支援対策推進法は、同じく2003年に制定されている少子化社会対策基本法と紐づいています。つまり、「少子化対策として、両立支援を積極的に取り組んでいるかどうか」を見ていると言えます。

　具体的な認定基準の例としては、**男性従業員の育児休業取得率の割合や、女性従業員の育児休業取得率の割合、所定外労働の削減、年次有給休暇取得の促進、時短勤務への対応**などがあります。

　対して、女性活躍推進法は、その名の通り「女性が能力を発揮しやすい職場環境であるかどうか」を見ている制度になります。認定基準として、**「①採用」「②継続就業」「③労働時間等の働き方」「④管理職比率」「⑤多様なキャリアコース」の5つの評価項目**が定められています。

　基準を満たした項目数に応じて「1つ星」「2つ星」「3つ星」と3種類の認定に分かれていて、さらに定められた要件を満たすと「プラチナ」の認定を得ることができます。

　くるみんは両立支援、えるぼしは活躍支援、ということがお分かりいただけましたでしょうか。また女性活躍を推進する上で重要なのは、制度や柔軟な働き方が、**育児期の社員や女性に限定されず、全員に適応されること**、そして**全社員の働き方改革**です。それは、女性や育児・介護中などの時間制約のある人のみが早く帰っても、周囲の人が長時間労働をしていた場合、時間制約の人の評価が下がったり、活躍が阻害されるだけではなく、周囲の人にしわ寄せがいくだけだからです。

　そこで、2019年に日本の労働環境に根強く残る長時間労働を抜本的に是正する動きが誕生します。**働き方改革関連法**[5]の制定です。

5　正式名称は、「働き方改革を推進するための関係法律の整備に関する法律」。
　　労働基準法、労働安全衛生法、労働契約法など8本の労働法の改正を行うための法律である。

〈働き方改革関連法の全体像〉
①時間外労働の上限規制を導入
②年次有給休暇の確実な取得
③中小企業の月60時間超の時間外労働に対する割増賃金率引上げ
④「フレックスタイム制」の拡充
⑤「高度プロフェッショナル制度」を創設
⑥産業医・産業保健機能の強化
⑦「勤務時間インターバル」制度の導入促進
⑧正社員と非正規雇用労働者との間の不合理な待遇差の禁止

（出典：厚生労働省「働き方改革関連法に関するハンドブック」〔2023.2〕）

　働き方改革関連法は、初めて長時間労働に罰則を加えるというものです。具体的には、**時間外労働の上限について、月45時間、年360時間を原則**とし、臨時的な特別な事情がある場合でも、①年720時間、②複数月平均80時間（2か月−6か月平均が全て80時間を限度とする）、③単月100時間未満（休日労働を含む）、を限度とするものです。

　今までは、36協定[6]を結んでいたら、労働者に上限なしに長時間労働をさせて良いというものでした。しかしながら、月平均80時間以上の残業を行うと健康被害が起こるという研究結果や、実際に残業時間やパワハラによって命を落とすような事件が起きたことにより、罰則付きの規制を行うようになりました。

　ここで初めて、従来の長期間労働の慣習にメスを入れたのです。しかし、管理職や高度プロフェッショナル制度の対象になる人は、適応除外となったり、建設事業、自動車運転の業務、医師など一部の事業・業務については、上限規制の適用は2024年3月31日まで5年間猶予としているため、一部の職種や業種で課題は多く残っています。ただ、この法改正により、働き方は確実に、少しずつ変化してきています。

6　正式には「時間外労働、休日労働に関する協定」のことを言い、労働基準法第36条に規定があることから、通称「36協定」と呼ばれている。

　働き方改革関連法と同年に、女性活躍推進法が改正、2022年4月より、女性活躍推進法が全面施行され、101名以上の労働者がいる企業へと適応範囲が拡大されています。

　2021年は育児・介護休業法が改正され、**産後パパ育休（出生時育児休業）**が新設されました。また、企業が育児休業の対象になる男性社員に、育休取得の説明や後押しをすることを義務化する、いわゆる**「男性育休義務化」**に向けた施策も行われたのです。

　ここでようやく、日本政府も「男性の家庭参画」を本格的に後押ししはじめたと言えるでしょう。ノルウェーが1990年代に**「パパ・クオータ制」**[7] を導入して2023年に男性の育休取得率が90%になってから、20年程度遅れて、本格的な後押しの施策です。

　私も、厚労省のイクメンプロジェクトに委員として参画していましたが、それまで国は「男性が育休を取得したいと思えるような意識醸成」を促進していました。しかし、男性の育児休業取得の意思が高まる一方で、実際の取得率は低く、長年一桁台でした（図表3-4参照）。

図表3-4　育休取得率の推移

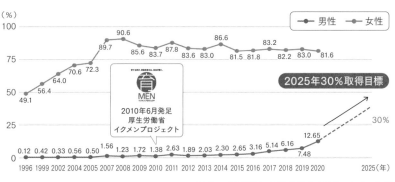

（出典：厚生労働省「雇用均等基本調査」を元に作成）

7　ノルウェーでは、1993年に父親割当制度（パパ・クオータ）を導入した。母親が取得する義務のある産前産後休暇の9週間の後、父又は母が取得できる39週（又は29週）の育児休暇があり、その後の6週間をパパ・クオータとしている。出産前の給料の80%の手当で最長54週間取得できるもの。制度導入前の父親の育児休暇取得率は4%程度だったが、2003年には資格のある父親の90%が利用したとされている。日本でも2010年に「パパ22育休プラス制度」はスタートしていたが、取得率向上には至らなかった。

実際に男性社員に話を聞いてみると、取得の意思はあっても、図表3-5のように会社の働き方や周囲の意識の問題で取得できないという課題が多く上がってきました。

図表3-5　男性社員が育休を取得しなかった理由

18.1%

残業が多い等、業務が
繁忙であったから。

25.0%

職場が育児休業を取得
しづらい雰囲気だった。

（出典：三菱UFJリサーチ＆コンサルティング「平成30年度 仕事と育児の両立等に関する実態把握のための調査研究事業報告書労働者アンケート調査結果」より作成）

　そこで、2021年の育児介護休業法の改正により企業側に男性が育休を取りやすい環境をつくるために、一定の措置を取ることが義務化されました（施行は2022年4月1日より）。この施策が功を奏して、2020年に制度の方向性を発表し、初めて2桁に上昇しました。男性が育休を取得することで、「長時間・長期間必ず仕事ができる人」はいなくなり、社員全体の働き方や、登用についても見直し始める土壌が生まれることを期待しています。

　翌年の2022年には、女性活躍推進法改正に基づき、**有価証券報告書で「男女間の賃金格差」の情報開示**をすることが求められるようになりました。これは、第1−2章で述べた、世界的・経済的な潮流を受けての流れです。このことにより、日本の上場企業がジェンダーギャップを是正していくことが求められ、株主から見られるようになってきたのです。
　このように、男女雇用機会均等法の成立から約40年、法制度の整備は少しずつ進展してきました。

2　経済界の取組み

1　なでしこ銘柄

　法制度の整備が少しずつ進められているものの、実態としては、まだジェンダーギャップが大きい状況があります。日本企業が本格的に取り組み始めたのは、**2021年のコーポレートガバナンス・コードの改訂**です。法整備だけでは動かなかった企業が多くある中で、経済面での動きが、企業に大きな影響をもたらしてくれたのです。

　2021年に至るまでの間も、経済産業省が経済界に働きかける取組みを行っていました。代表的なものとしては、「なでしこ銘柄」と「ダイバーシティ100選」があります。特に、「なでしこ銘柄」は日本の女性活躍を推進する上で重要な第一歩になったと私は考えています。

　「なでしこ銘柄」とは、経済産業省と株式会社東京証券取引所が共同で選定しているもので、女性活躍推進が進んでいる企業ほど株式パフォーマンスが高く、投資を行う上で良い銘柄であることを提示しています。

　なでしこ銘柄は、こういった女性活躍推進に優れた上場企業を魅力ある銘柄として紹介することで、「中長期の企業価値向上」を重視する投資家の関心を一層高め、各企業の取組みを加速化していくことを狙いとしたものです。

　私は女性活躍推進という意味では、この「なでしこ銘柄」の選定基準が一番本質的だと考えています。なぜならこの選定基準で最も重要視している事が**「経営戦略として女性活躍を推進しているか」**だからです。最近は、毎年指標の見直しをしているので、詳細はなでしこ銘柄のサイトを参照して下さい。

　実際のトップの姿勢や、推進体制、現場の施策を詳細にヒアリングしつつ、定量的に効果が出ているかどうかを審査します。このなでしこ銘柄には、各業界で数社しか選定されないため、本質的な取組みが必要とされます。

第3章　日本における女性活躍の歴史

ダイバーシティ2.0行動ガイドライン

　なでしこ銘柄の選定基準の元になっているのが、経産省が作成してお
り、「ダイバーシティ100選[8]」の選定基準にもなっている**「ダイバーシ
ティ2.0行動ガイドライン」**です。

　まず「ダイバーシティ100選」とは、ダイバーシティ経営に取り組む
企業の裾野の拡大を目的に、女性に限らず、多様な人材の活躍を通じて
経営成果を上げている企業を選定し、経済産業大臣が表彰している取り
組みのことです。過去の受賞企業を対象に、「ダイバーシティ2.0行動
ガイドライン」に基づき、中長期的な視点からダイバーシティ経営を推
進し、特に先駆的な取組を行っている企業を「100選プライム」として
選定しています。

　この「ダイバーシティ2.0行動ガイドライン」では、**「経営陣の取組」**
「現場の取組」「外部コミュニケーション」という3つの視点と7つのア

図表3-6　ダイバーシティ2.0行動ガイドライン

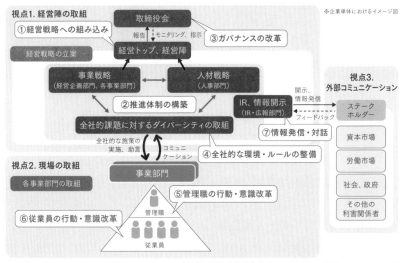

（出典：経済産業省「ダイバーシティ2.0行動ガイドライン」）

8　令和2年に「ダイバーシティ100選」は終了。

クションが定められています。

> ●**視点１：経営陣の取組**
>
> １．経営戦略への組み込み
> ●経営トップが、ダイバーシティが経営戦略に不可欠であること（ダイバーシティ・ポリシー）を明確にし、KPI・ロードマップを策定するとともに、自らの責任で取組をリードする。
>
> ２．推進体制の構築
> ●ダイバーシティの取組を全社的・継続的に進めるために、推進体制を構築し、経営トップが実行に責任を持つ。
>
> ３．ガバナンスの改革
> ●構成員の多様性の確保により取締役会の監督機能を高め、取締役会がダイバーシティ経営の取組を適切に監督する。
>
> ●**視点２：現場の取組**
>
> ４．全社的な環境・ルールの整備
> ●属性に関わらず活躍できる人事制度の見直し、働き方改革を実行する。
>
> ５．管理職の行動・意識改革
> ●従業員の多様性を活かせるマネージャーを育成する。
>
> ６．従業員の行動・意識改革
> ●多様なキャリアパスを構築し、従業員一人ひとりが自律的に行動できるよう、キャリアオーナーシップを育成する。
>
> ●**視点３：外部コミュニケーション**
>
> ７．労働市場・資本市場への情報開示と対話

- 一貫した人材戦略を策定・実行し、その内容・成果を効果的に労働市場に発信する。
- 投資家に対して、企業価値向上に繋がるダイバーシティの方針・取組を適切な媒体を通じ積極的に発信し、対話を行う。

（出典：経済産業省「ダイバーシティ2.0行動ガイドライン」）

この３つの視点は、私自身、日々企業の女性活躍や組織変革をサポートさせていただく中で非常に重要かつ本質的な視点だと実感しています。**第５章から説明していく、「女性活躍推進の３つの視点と７つのポイント」も、この視点を参考に作成しています。**

❸ 経団連が「30% Club Japan」との覚書を締結

また、日本を代表する企業が多く加盟している経団連（日本経済団体連合会）[9] の動きもありました。経団連は、2020年12月に女性活躍推進の協力に関する**「30% Club Japan」**との覚書を締結したのです。

「30% Club」とは、2010年にイギリスで設立された女性活躍を推進する世界的キャンペーン組織です。「取締役会を含む重要意思決定機関に占める女性の割合を30%まで高める」ことを目標としています。

日本では2019年の５月に発足しており、TOPIX100（東証株価指数の上位100社）と Mid400（TOPIX100に次ぐ中型銘柄400社）の企業を中心に、大学や政府関係者なども参加しています。

なぜ「30%」なのか、それはハーバード大学のロザベス・モス・カンター氏が提唱する「黄金の３割」理論に基づきます[10]。30%という数字は、「クリティカルマス」と呼ばれる比率で、意思決定において影響

9　経団連は、日本の代表的な企業1,512社、製造業やサービス業等の主要な業種別全国団体107団体、地方別経済団体47団体などから構成されている経済団体。（2023年４月１日現在）

10　Kanter（1977）は、組織の中でマイノリティの割合が３割となったときに、マイノリティグループが連帯を組み、組織文化に変化をもたらすことを「黄金の３割」理論として提唱。また「クリティカルマス」とは、エベレット・ロジャースが提唱したマーケティングの専門用語であり、商品やサービスの普及率が一気に跳ね上がる分岐点を指す。

を及ぼすことが可能な割合だと言われています。

　実際、小池百合子氏が東京都知事に就任し、東京都の女性議員が30％程度になると、長年解消していなかった待機児童問題が、4年で9割も解消する効果がありました。長い間、毎年8,000人もの待機児童が全く減少しなかったにもかかわらず、女性議員の割合が3割程度まで増えたことによって、大きく改善したのです。

　他にも、東京都では、産前産後ケアの強化や、出産に対し子ども一人当たり10万円相当の支援など、子育て支援政策が大きく前進しました。つまりは、**当事者意識を持っている人が意思決定層に入ると、それだけで課題の解消が早まる**という事でもあります。重要意思決定層に女性が30％以上いることによって、女性や子育て目線の意見がきちんと届くようになるということなのです。

　これは、他の多様性である外国籍やハンディキャップのある方、多様な性的志向の方などの意見を導入していく一歩に繋がると考えています。「生きづらさ」「やりづらさ」を解消するためにも、意思決定層に多様性を入れていくことが重要なのです。

③ 日本のジェンダーギャップは先進国の中でも最低レベル

① 女性就業者数は増えても女性管理職比率は低いまま

　このような取り組みの結果、現在の日本の状況はどのようになっているのでしょうか。本章の冒頭でもご紹介したように、2023年に公表された**「国際ジェンダー・ギャップ指数2022」**の順位は**146か国中116位**。先進国の中では最低レベル、アジア諸国の中でも韓国や中国、ASEAN諸国より低い結果となっています。日本の総合スコアは0.650であり、伸び率で見ても、日本はほぼ横ばいとなっています。

　ジェンダーギャップ指数とは、世界経済フォーラム（WEF）が毎年公表しているもので、経済活動や政治への参画度、教育水準、出生率や健康寿命などから算出される男女格差を示す指標です。

私自身、2023年7月に台湾で開催された**台湾-EU ジェンダーイクオリティフォーラム**という国際会議に登壇してきたのですが、そこで日本の状況は遅れているどころかテーブルにも上がっていないように感じました。

　ニュージーランドは女性の管理職比率が50％を超えており、公務員など職業によっては女性比率の方が高いという状態でした。

　EUの他の国でも「たった30％しか女性の管理職がいません」と報告されていたのですが、日本はまずそこを目指している状況です。またジェンダー・イクオリティの話題の半分はLGBTQ＋であり、「男女」でしかジェンダーを捉えていないこと自体、日本の状況への危機感を感じました。

　図表3-7の国際ジェンダーギャップ指数の日本の数値を見ていただいても分かるように、日本のジェンダーギャップ指数が低い主な要因は、**政治参画の遅れと、経済参画の遅れ**です。

図表3-7　国際ジェンダーギャップ指数

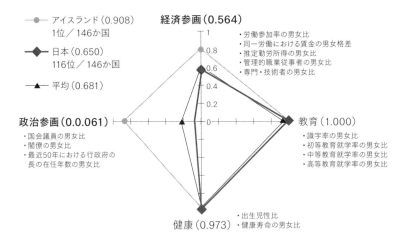

備考：1. 世界経済フォーラム「グローバル・ジェンダー・ギャップ報告書（2022）」より作成
　　　2. スコアが低い項目は赤字で記載
　　　3. 分野別の順位：<u>経済（121位）</u>、教育（1位）、健康（63位）、<u>政治（139位）</u>

（出典：内閣府男女共同参画局「共同参画」2022年8月号）

　図表3-8は、国土交通省が2021年に作成した、女性人口に占める女性就業者の割合を諸外国と比較したものです。

　日本の女性人口に占める女性就業者の割合は51.8%と、諸外国と比較しても大きな差はない結果となっています。

　しかし、図表3-8で示している女性管理職比率は13.3%と諸外国と比較すると、圧倒的な遅れをとっていることが分かります。

　また、図表3-9を見ても分かるように、役員に占める女性の割合も日本は**10.7%**と、国際的に見ても低いことが分かります。更に、この10.7%の中の9割が**「社外取締役」**であり、女性の役員を社内で育成できていない状況が分かります。

図表3-8　女性人口に占める女性就業者の割合と
管理的職業従事者に占める女性の割合

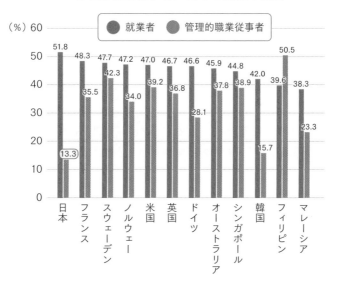

（出典：国土交通省「国土交通白書2021」）

図表3-9　役員に占める女性の割合

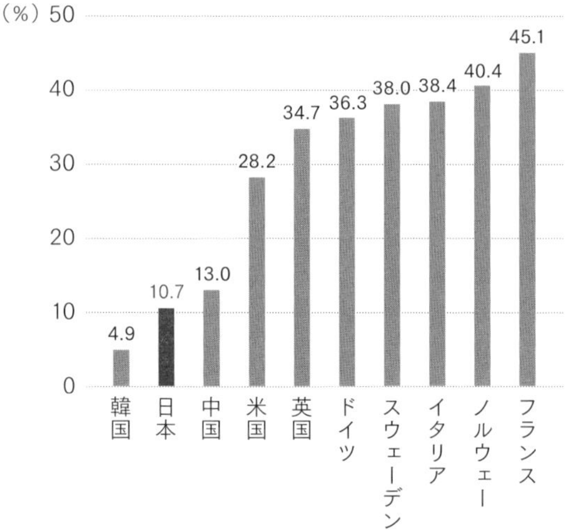

（出典：国土交通省「国土交通白書2021」）

2　女性活躍に関する情報開示の動き

この状況を受けて、日本政府はダイバーシティ、女性活躍に関する取り組みをより本格化させています。

具体的には、2023年3月から有価証券報告書で開示する情報に、新たに**「女性管理職比率」「男性の育休取得率」「男女間賃金格差」**などが盛り込まれています。

また、2023年6月に発表された「女性版骨太の方針2023」では、**「2025年までに最低1人の女性役員、2030年までに女性役員比率を30％にする」**などの目標が盛り込まれています。日本においても、企業が人的資本の情報開示を積極的に行っていく必要性が高まっているのです。

有価証券報告書や統合報告書で人的資本の情報を含む非財務情報の開示をすることに加え、独自にHuman Capital Reportを出す企業も出てきています。今後、ダイバーシティや女性活躍推進の流れはより一層加速していくことと思われます。企業が持続的に成長、価値創造をしてい

くためには、ダイバーシティ・女性活躍にどれだけ早く、本気で取り組んでいけるかどうかが重要なのです。

　本章では、日本が昭和からどのように社会構造を変化させてきたのかを説明しました。戦前には農業などで性別関係なく働いていた時代から、戦後の高度経済成長期を経て産業構造が変化し、生活形態が変化し、それに合わせて働き方と価値観が形成されてきたのです。
　実は**長時間労働も、性別役割分担意識も、昭和からの約70年に培われたものでしかなかった**のです。そして現在は令和の時代になり、2022年の出生率は1.26と、異次元の少子高齢化でかつ、労働力人口が激減している時代に突入しています。社会構造の変化に対して、労働市場も価値観も、変化していく局面にいる。その変革の第一歩が、日本においては**女性活躍推進**なのです。

第 **4** 章

日本企業で
女性管理職が増えない理由

女性の管理職昇進を阻害する人事制度

第1−3章まで、企業が**女性活躍から人的資本経営を始める**べき理由を、社会の潮流と歴史から解説しました。

これだけ女性活躍が重要だということが認識されているにもかかわらず、なぜ日本には女性の管理職が少ないのでしょうか。

2020年日本の女性人口に占める女性就業者の割合は51.8％と、諸外国に比べて低いわけではないですが、女性管理職比率は13.3％と諸外国と比較すると、圧倒的に低い水準です。

図表4-1　女性管理職パイプラインが構築できていない例

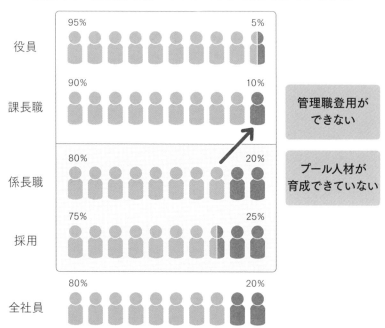

ここで**女性管理職パイプライン**という考え方をご紹介します。女性管理職パイプラインとは、採用・育成・登用まで切れ目のないパイプライ

ンをつくることを言います。

　元々、「リーダーシップ・パイプライン」という理論があり、**性別に関係なく、「企業は採用から管理職、組織のトップまで途切れることのないパイプラインをつくり、組織全体でリーダーを育成する仕組みをつくること」**を指します。このパイプラインを女性社員に特化したものが「女性管理職パイプライン」[1]という概念です。

　図表4-1に示しているように、課長相当職への登用時点で、在籍している女性社員比率よりも大幅に低くなり、パイプラインが切れている状況の企業が多くあります。なぜ、日本企業の多くで、女性管理職パイプラインが途中で切れてしまっているのでしょうか。

　この要因として、日本企業の**「構造」**と**「意識」**の問題が存在していると考えます。

　これは第3章で述べた通り、昭和からの約70年で培われた、労働環境や性別役割分担意識が、重層的に影響しているのではないでしょうか。

　本章では、**企業の人事制度**に焦点を当てて、なぜ女性管理職が増えないのか、その構造的な課題について紐解いていきたいと思います。

　構造的な課題を解消する事で、優秀な人材を失っていく危機を解消していきましょう。

1　昭和の時代に培われた人事制度

　第3章にて、戦後の高度経済産業期に創られた**「終身雇用」「年功序列」「企業内労働組合」**という「戦後の人事の三種の神器」の話をしました。

　長期的に人材確保を行い、効率的に人材を配置（全国転勤）することは、主に製造業における商品や工場という「有形資産」を重視する構造

1　「女性管理職パイプライン」とは、大久保・石原（2014）が提唱した「女性のリーダーシップ・パイプライン」の概念に基づいた考え方であり、これを常用するために作成した呼称である。「女性版骨太の方針2023」でも、「女性登用のパイプライン等」と利用されている。また、「女性リーダーシップパイプライン」とは、企業の中で総合職の女性社員が管理職に昇進する上での人事制度の阻害要因を軽減し、昇進意欲を経時的に高めることで女性リーダー（管理職）を育成する概念である（大久保, 石原 2014）。

において、大変有効な仕組みでした。

　このような背景から、日本企業では人的資本という考えよりも、「人件費＝コスト」という考え方が浸透してきていたということは、第1章でもお伝えしました。

　しかし、IT技術の急速な進歩や環境問題の悪化などにより、時代は大きく変化し、**「VUCA時代」**と言われるような、従来の常識では通用しないような、多方面にわたる問題が複雑に絡み合っている状態が生じています。多様な価値観が増えてきたり、コロナウイルスなどで突然生活様式が変化するなど、企業は環境やニーズなどの変化に合わせて、柔軟に戦略を変化させ、実行していく必要が生じてきたのです。

　だからこそ、経営戦略に合わせて人材戦略を策定し、「多様な人材の能力を掛け合わせて経営戦略を達成する」という人的資本の考え方が重要になってきているのです。

　しかし、いまだに昭和の時代に構築した人事制度を踏襲している日本企業が多く見受けられます。特に年功序列の人事制度は、育休を経て昇進することを考えずに構築されているため、構造的に女性が昇進しにくくなっているのです[2]。

　「いや、うちは年功序列ではないから」と言われる方もいらっしゃるかもしれません。しかし外資系の企業で、完全な成果報酬型を導入している企業を除くと、多くの企業が一定の年功序列の側面を残しているのではないでしょうか。

　第3章でも、日本の労働環境の変化について解説しましたが、高度経済成長期の頃に人事制度を導入した日本企業は、メンバーシップ型の雇用システムを導入している会社が多く、幹部候補として企業に採用され

2　石井（2016）は、課長相当職に昇進する時期が5−8年と遅い昇進構造の場合、「昇進格差がつき始める時期から第一次選抜の時期にかけて、女性が出産の時期にぶつかる可能性があるため、産前産後休業や育児休業制度を利用すると、キャリア停滞が起こり、女性の管理職への昇進にとっては否定的な影響が生じるおそれがある」と述べている。

図表4-2　等級制度の種類

等級制度	考え方
職能資格制度	**従業員を職務遂行能力を基準にして評価を行い、等級付けする制度** 等級は職務遂行能力によって区分され、経験によって等級が上がることを前提としている。ゼネラリスト育成に向いている。基本的に降格がないため、年功序列の仕組みになりやすい。
役割等級制度 （ミッショングレード制）	**従業員に与えられた役割と能力によって評価し、等級付けする制度** 等級は役割の内容や遂行能力で区分され、達成度合によって等級が変動。年齢や経験値、過去のキャリアに関係なく、役割を果たせば高評価となり、ミッショングレード制とも呼ばる。グレードの在籍年数が設けられている場合、年功序列的な運用にもなる。
職務等級制度	**従業員を職務によって評価し、等級付けする制度** 等級は担当する職務の内容や難易度により区分され、達成できる状態になると等級が上がる。職務の価値と業績に対して公正な評価が行われることから、成果主義とも呼ばれる。専門性が高い業務の遂行能力を持つ、スペシャリストを育成しやすい等級制度。

ると、その企業で必要な機能を多く経験するゼネラリストとして育成される傾向にありました。

　その際に利用している等級制度が**「職能資格制度」**です。等級は職務遂行能力によって区分され、経験によって等級が上がることを前提としています。基本的に降格がないため、年功序列になりやすい仕組みです。

　一方、外資系の企業はジョブ型[3]を導入しており、専門性を重要視するような**「職務等級制度」**を利用しています。各自にジョブディスクリプションを作成し、等級は担当する職務の内容や難易度により区分され、達成できる状態になると等級が上がります。職務の価値と業績に対して公正な評価が行われることから、成果主義とも呼ばれるものです。

[3]　ジョブ型の提唱者として知られている濱口桂一郎氏は、「メンバーシップ型の考え方は、日本で戦前期から終戦直後に打ち出され、高度経済成長期に確立」したと述べている。一方ジョブ型は「18-19世紀に近代産業社会がイギリスを起点に始まり、その後ヨーロッパ諸国、アメリカ、日本、そしてアジア諸国へと徐々に広がって行った」という（濱口、2023）。また、濱口（2021）では、ジョブ型を「職務内容を明確にした上で最適な人材を充てる欧米型の雇用形態」と述べている。

また日本では、その中間である**「役割等級制度（ミッショングレード）」**を利用している場合もあります。等級は役割の内容や遂行能力で区分され、達成度合によって等級が変動します。年齢や経験値、過去のキャリアに関係なく、役割を果たせば高評価となるので、成果主義と考えられますが、実際はグレードの在籍年数が設けられている場合もあり、年功序列的な運用になるケースもあります。

　日本企業の場合、多くが「職能資格制度」か「役割等級制度」というメンバーシップ型の等級制度を導入しています[4]。現在、ジョブ型への移行の波が高まっていますが、実態はメンバーシップ型との掛け合わせが多いと言われています。

　どれが最も良いということではなく、自社の人事制度を知った上で、構造的な問題が起こりやすいポイントを理解し、問題を解消をしていくことが重要です。

②　女性が管理職になりづらい構造的な問題

　人事制度の中で、女性社員、特に育児期社員が昇進しづらい構造を生んでいる課題を**【構造】昇進プロセス**と**【意識】昇進意欲**の２つに分けて考えてみたいと思います（図表4-3参照）。

　「昇進プロセス」では、①昇進の構造、②育休ペナルティ、③上司のバイアス、が課題となり、「昇進意欲」では、①昇進意欲の男女差と、②昇進意欲に関係する企業や職場の要因、が課題となっています。

　ここからは、日本企業に女性管理職が増えない原因となっている「昇進プロセス」と「昇進意欲」について詳しく解説していきます。

③　日本企業の「遅い昇進」

　まずは、昇進プロセス（構造）の問題から解説していきます。

4　産労総合研究所（2021）では、等級制度の導入状況は、「職能資格制度（72.0％）」、「役割等級制度（59.7％）」、「職務等級制度（50.3％）」であった。

図表4-3　昇進プロセスと昇進意欲

[構造] 昇進プロセス	[意識] 昇進意欲
①昇進の構造 　1）遅い昇進 　2）横の異動の重視 ②育休ペナルティ 　1）登用要件/復帰後の評価 　2）シグナリング仮説 ③上司のバイアス 　1）経験付与・異動・登用バイアス 　2）ホモフィリーによる対話不足	①昇進意欲の男女差の真実 　1）交渉する意欲と能力がない 　2）自信がない 　3）リスクを取る能力がない ②昇進意欲に関係する企業や職場の要因 　1）ポジティブ・アクションの施策数 　2）ロールモデルの存在 　3）上司の支援 　4）リーダー経験

　メンバーシップ型の日本企業では一般的に、入社から5年目までの従業員は一律年功。入社6年目から課長までの中期キャリアにおいては、昇進スピード競争型となっています。つまり、**昇進・昇格スピードに個人差があったとしても、一定期間働けば、課長職までにはなれる人が多い**[5]構造になっています。

　課長以上の昇進は、リターンマッチのない**トーナメント競争型**[6]に移動します。昇進の早い者と遅い者が振り分けられ、かつ昇進が遅れてしまった場合は、昇進することなくキャリアが滞留するという構造である企業が多くあります。人事制度改革を行っていない場合、入社して5年から8年程度までは昇進に差がつかず、入社7-8年目くらいから選抜・昇進することが一般的です[7]。一方、欧米などでは入社3、4年目

5　今田，平井（1995）は、「中期的キャリア（係長から課長に就任するまでの期間）では、昇進スピード競争型と呼び、昇進のスピードに差はつくが、その差は小さく遅れるものもでてくるが昇進する」と述べている。

6　Rosenbaum（1979a, 1979b, 1984）は、米国の企業を調査し、米国のホワイトカラーの昇進競争はトーナメント型であるという「トーナメント移動」という概念を結論づけた。

7　労務行政研究所（2010）では、全国証券市場の上場企業を中心とする4003社を対象に調査を行い、回答のあった138社（製造業63社、非製造業75社）の回答を集計。「新卒入社の大卒社員における役職の昇進年齢」について「制度上の昇進年齢」は標準で係長32.7歳、課長39.4歳、部長は47歳であった。また、労働政策研究・研修機構（1997）が行った第一次選抜時期の国際比較では、「日本は入社後7-9年（31-35歳）と、アメリカ入社後3、4年に比べても遅い昇進、選抜である」と述べられている。

から選抜や昇進が実施されるので、「入社7-8年で課長」というのは国際的に見てもかなり遅い昇進ということになります。

選抜や昇進が実施される入社7-8年目の期間というのは、女性にとっては年齢的に出産や育児とちょうど重なる時期にあたる人も多いです。そのため、キャリアの停滞が起こりやすくなります。

4 　昇進に必要な部署異動の回数と、経験が必要な部署

メンバーシップ型を導入している企業は、一般的に部署異動（横の移動）を行いながら、昇進（縦の異動）をする[8]という、ゼネラリストとしてキャリアを積んでいく構造になっています。選抜・昇進が始まる入社7-8年目までの間に、人材育成の一環としてジョブローテーション（定期的に部署異動を行うこと）が行われます。ゼネラリストを育成する方針が強い日本において、このジョブローテーションでの異動経験数は昇進に大きく影響します。リクルートワークス研究所の調査によると、**課長になるまでの異動経験数は平均3.3回でした**[9]。

異動経験数の男女差に注目してみると、**男性の方が女性より有意に多かった**ということが研究で明らかになっています[10]。また、独立行政法人 労働政策研究・研修機構の調査によると、役員クラスに昇進するまでに経験させることが必要な部門というのは大体決まっており、5,000人以

8　石井（2016）では「会社組織の中では職務の配置（横の移動）を適度に行いながら昇進（縦の移動）し、企業内においてのキャリアを積んでいく」と述べている。

9　リクルートワークス研究所（2011）「ワーキングパーソン調査2010」。

10　大内、奥井、脇坂（2017）の研究では、労働政策研究・研修機構（2012a）の個票データを利用して、配置転換の種類の分析を行った。配置転換の種類は、「同じ事業所内での配置転換」、「転居を伴わない事業所間の配置転換」、「転居を伴う国内転勤」、「国内の関連会社への出向」、「海外勤務」、「上記のいずれも経験していない」という質問を、役職・職種（総合職・基幹職）・男女別で聞いた。その結果、男女で比較すると、管理職昇進前の初期キャリアの段階で、女性は同じ事業所内での配置転換が多い一方で、男性は転居を伴う国内転勤などにより技能の幅を広げる機会が女性より多い事が明らかになった。また、管理職になると、その差が少なくなるということから、男女共に配置転換を通じて幅広い経験を積んだ者が、管理職に昇進していると言える。また配置転換の種類の数の平均を男女で比較すると、総合職では部長（男性1.58、女性1.21）、基幹職では役職なし（男性0.80、女性0.73）と課長（男性1.25、女性1.12）で、男性の方が女性より有意に多く、有意差がなくてもすべての職位で、男性の方が女性より配置転換の種類の数が多かった。

上規模の企業では、**「営業部」「経営企画部」が多い**ということが分かっています。昇進するまでに経験が一番必要だとされている**「営業部」の配属については、男性が9割を占めている企業が6割を超えていました。**

　学習プロセスを研究している松尾睦教授は、「マネジメントに必要な能力は、経験から学習するものであり、この経験を得ていくための情報やチャンスが必要になる」と松尾（2013）の中で述べています（図表4-4参照）。

図表4-4　マネジメントに必要な能力

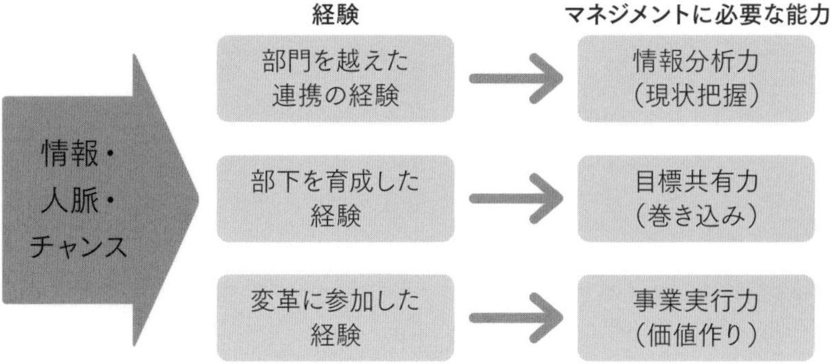

（出典：松尾 睦〔2013〕『成長する管理職：優れたマネジャーはいかに経験から学んでいるのか』より作成）

　弊社でクライアント企業の社員アンケート調査を行うと、経験の有無にジェンダーギャップが存在することが多くあります。特に**変革への参加やリーダー経験は女性の方が少ない傾向**にあることが多いです。

5　登用要件・復帰後の評価が「育休ペナルティ」の原因に

　これまで解説した通り、「遅い昇進」は、女性社員のキャリア停滞の要因のひとつであると言えます。
　また実際にコンサルを行う中で、変革に参加した経験や、リーダー経験についてはジェンダーギャップがあり、男性の方が多く経験をしている傾向がありました。

ジョブローテーション期間は6-9年に及びますが、入社から6-9年も経つと、出産を経験する女性社員は多く存在します。ライフイベントと重なり休業を取得するため、昇進に必要だと言われている回数の部署異動を経験できなくなる場合も多くあります。

　また、メンバーシップ型の企業では、選抜の際に在籍年数も条件の一つになることがあります。その場合、産休や育休の年数の扱いが昇進に影響を与えます。育休を取ると、昇進に影響があることを「育児休業の管理職登用ペナルティ」と呼びます[11]。本書では、「育休ペナルティ」と略して利用します。図表4-5に示しているように、**「産育休の期間は在籍年数にカウントしない」**という規定がある中で、昇格要件に**「在籍年数5年以上」**という項目がある場合、休んだ期間は在籍年数に含まれません。つまり、入社6年目だとしても、**育児休業を1年間・2回取得していると「在籍4年」とみなされ、それだけで選抜から外れてしまう**のです。

　さらに、選抜を行う上での基準のひとつに「直近2年間の評価が連続でA以上」といった要件がある場合があります。育児休業を取得するとその間の評価が空白になってしまい、連続と捉えられないため、育休か**ら復帰をしてから、2年以上連続で勤務しないと対象から外れてしまう**

図表4-5　昇格要件と育休ペナルティ

※2回育休をとった人の例：昇進の条件が「在籍年数5年以上、直近2年の評価がA以上」の場合

在籍年数	評価	ライフイベント
～	A	
3年目	A	
4年目	－	育休取得（第一子出産）
5年目	A	
6年目	－	育休取得（第二子出産）
7年目	A	⎫ 入社8年目にしてようやく対象に
8年目	A	⎭

11　周（2014）では、育休取得をすることで管理職登用に負のインパクトがあることを「育休取得の管理職登用ペナルティ」と呼び、研究を行っている。また育休取得をすることでのペナルティは、「賃金ペナルティ（育休を取得することで賃金水準が下がること）」も存在する。

ということも起こります。

　第二子、第三子と出産する場合は、何度か育児休業を取得することになるので、仕事をしている間は全てＡ評価を取得していたとしても、「育児休業を取得している」というだけで、遅れが生じてしまうのです。実際、入社時の評価は男女差がないにも関わらず、昇進の年数は３−４年女性の方が遅くなっている企業の状況をよく目にします。

　このような昇格要件が残っている場合、産前産後休業や育児休業を取得するとキャリアの停滞が起こってしまう昇進構造になっています。

　そのため、**早期に育成・昇進できるような仕組み（早回しキャリア形成[12]）**や、昇格要件を見直して**育休を取得しても昇格が遅れない仕組み**を創ることが必要です。簡単に言うと以下の２点を取り入れることが重要です。

- 在籍年数に**産育休期間もカウントする**
- 連続評価の場合、**育休中はカウントしない**

　この方法であれば大幅な人事制度改定は必要なく、要件に補足をつけたり、評価者研修をすることで解消されていくので、すぐに実行が可能です。

2　マネジメントにおけるアンコンシャス・バイアス

1　シグナリング仮説

前述したように、女性社員、特に育児期の社員は管理職へ登用されづ

12　「早回しキャリア形成」とは、キリンホールディングス株式会社の「女性活躍推進長期計画2030」中で育成方針として記載されている。「適性を踏まえた上で早めにチャレンジングな業務を経験し、仕事の面白みを実感するとともに、出産などのライフイベントを経ても主体的にキャリア形成できるよう、早回しで仕事体験を積み重ねるという考え方」を指している。詳細の内容は第８章の企業事例にて紹介している。

らい構造があります。構造上の問題ももちろんあるのですが、上司からのバイアスも大きく影響していることが分かっています。

まず、育休を1年以上取得すると、それだけで「キャリアに対する意識が低い」と捉えられてしまうリスクが高くなるのです。これを「**シグナリング仮説**[13]」といいます。従業員の昇進・昇格は、直属の上司が行う人事考課の結果に基づいて決められるケースが多いです。それにもかかわらず、「育児休業の取得＝低キャリア志向」と上司や人事に判断されてしまうことは、**キャリアアップのための教育機会を付与しない行動や、登用の選抜メンバーの中に入れない等の行動を促してしまい、女性の昇進、管理職登用に遅れを招く可能性があります。**

パーソル総合研究所の「マネジメントにおけるアンコンシャス・バイアス測定調査[14]」では「マネジメント職登用におけるアンコンシャス・バイアス」の分析を行っています。マネジメント職登用に直接影響する実績や資格などの条件が同じである複数の部下のうち、誰をマネジメント職に登用するか判断するにあたり、どの間接的要素がどのくらい影響しているかをみたところ、最も強いバイアスは「年齢（26.7％）」で、年齢が高いほど登用にプラスの影響がありました。次に強いのは「出身大学の偏差値（20.3％）」、次いで「対話頻度（15.8％）」でした。図表4-6で他の項目を見てみると、「性別」では女性で下がり、「未既婚」では未婚が下がる。また子どもが「未就学児」だと下がる。「経験部門数」は経験部門数が多いほど高い傾向にありました。「経験部門数」は **4** でも

13　シグナリング仮説とは、Judiesch & Lyness（1999）によると、「育児休業の取得が、労働者のキャリア志向（やる気、仕事へのコミットメント等）のシグナリングとして経営者側に見なされる可能性があるという仮説である。つまり本人は、自分のキャリア志向を良く知っているが、企業側はさまざまな情報（日常の勤務態度、言論、同僚の評価等）からそれを推測するしかない。育児休業取得が一般的ではない職場環境で育児休業を取得したり、標準的な期間よりも長めの育児休業を取得したりすると、「育児休業取得＝低キャリア志向」として上司や人事側に見られるリスクが高くなり、それは昇進・管理職用の遅れを招く可能性があるという事だ。この点を踏まえると、育児休業の取得期間から早期に復帰することや、本人が意識的にキャリア意識を企業側に伝えていく重要性がある」と述べている。

14　パーソル総合研究所（2020）では、企業規模100人以上の企業で自職場でⅠ．部下評価／Ⅱ．登用／Ⅲ．採用業務にそれぞれ携わっているマネジメント層（係長以上）へインターネット調査を行った。

図表4-6　登用における間接的要素の効用値（影響度）

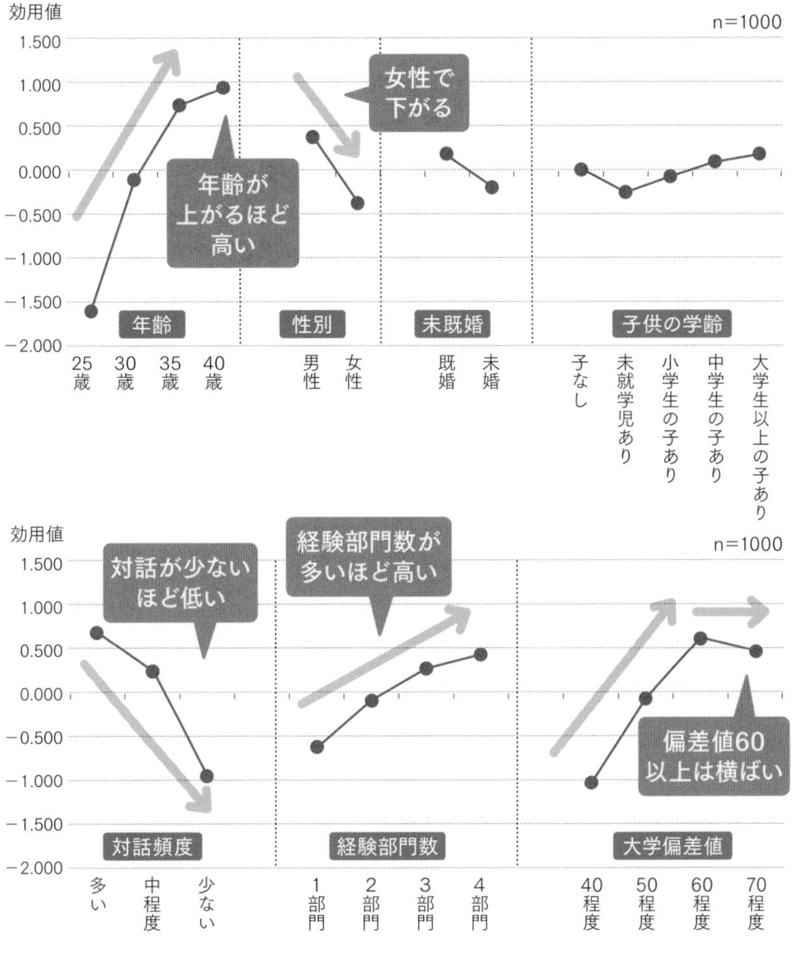
効用値
n=1000
1.500
1.000
0.500
0.000
−0.500
−1.000
−1.500
−2.000
年齢が上がるほど高い
女性で下がる
年齢
性別
未既婚
子供の学齢
25歳
30歳
35歳
40歳
男性
女性
既婚
未婚
子なし
未就学児あり
小学生の子あり
中学生の子あり
大学生以上の子あり
効用値
n=1000
1.500
1.000
0.500
0.000
−0.500
−1.000
−1.500
−2.000
対話が少ないほど低い
経験部門数が多いほど高い
偏差値60以上は横ばい
対話頻度
経験部門数
大学偏差値
多い
中程度
少ない
1部門
2部門
3部門
4部門
40程度
50程度
60程度
70程度

（出典：パーソル総合研究所〔2020〕『マネジメントにおけるアンコンシャス・バイアス測定調査』）

解説したように、女性の方が少なくなりやすいという構造がありました。

また、同調査結果にて対話頻度は少ないほど評価が低くなる傾向もありました。**人は、同じような属性の人に親近感を持ちやすく、仲良くなりやすい**と言われています。みなさんも「同じ趣味を持っていると分か

り意気投合した」「同級生や同郷の人と会話が弾んだ」といった経験はありませんか？　このことを「同質性」、「**ホモフィリー**[15]」などと言ったりします。

これは職場内においても同じで、上司である管理職は現時点では男性の方が多いため、**同じ男性である男性社員との会話が増えやすい構図**になっています。

このように、平等に評価を行っていたつもりでも、結果的に登用の際に女性が上がりづらいということがお分かりいただけたでしょうか。

女性社員の中でも、特に育児期の社員が昇進しづらい背景には、評価者のアンコンシャス・バイアスと、構造上の問題が影響しています。

周燕飛教授による「育児休業が女性の管理職等用に与える影響」の研究[16]では、法定の育児休業期間（12ヶ月）を超える育児休業を取った女性は、休暇を取らなかった女性に比べると管理職登用の確率が7.9ポイント低下する結果が出ました。逆に、**法定の育児休業期間以内の取得は、女性の管理職登用に影響を与えない**ことも分かりました。

育児期の社員には様々な状況があるため、事情がある場合には期間を長く取ることが認められるべきではありますが、キャリアや人材育成という観点から言うと、**1年程度の早期復帰は重要なポイント**[17]です。その社員のキャリアを考えて、「期待して待っている」と伝えていくこと

15　ホモフィリーとは、**同じような属性や価値観を持つ人とつながろうとする人間の傾向**のことを言う。ソーシャルネットワーク研究の基本的な考えの一つで、同質性とも呼ばれる。Lu, J. G.（2021）は、東アジア系が米国の中で出世しづらいという「竹の天井」を検証した研究を行い、米国のビジネススクールで経営学修士号（MBA）を取得した新入生を対象に、11のクラスセクションにおける友情ネットワークとリーダーシップの出現を調査し、東アジア人がリーダーに推薦されたり選出されたりする確率が最も低いことを明らかにしている。

16　周（2014）は、労働政策研究・研修機構（2013）を元に分析を行った。その結果、法定の育児休業期間（12ヶ月）以内の育児休業取得は、女性ホワイトカラーの管理職登用に影響を与えていないことが分かった。しかし、13ヶ月以上の育児休業を取った女性は、休暇を取らなかった女性に比べて管理職登用の確率が7.9ポイント低下する。これは、『人的資本下落仮説』と『シグナリング仮説』の予測と一致した結果である」と述べている。

も、大切です。もし、個人の事情で育休が長期になった場合にも、しっかりと部下とキャリア観を対話し、育休期間が長いだけで「キャリア意識が低い」と決めつけないようにしましょう。

2　期待されている能力にもジェンダーの意識が含まれている

また、非常に興味深い研究もあります。職場において期待され、また評価される能力には、性差があるという研究[18]です。女性が職場で発揮する事が求められている能力は、「①協調性、共感性などの対人能力」「②確実性、持続性などの作業能力」。対して男性が発揮する事が求められている能力は、「①集団をまとめて引っ張っていく能力（リーダーシップ）」「②企画・開発などの創造的な能力」「③分析して判断する能力」。そして、このステレオタイプ的な行動をとった時に、高い評価が得られるそうです。

つまり理論的には、管理職登用に直接影響する条件が同じである男性社員と女性社員がいた場合、**男性社員の方がリーダーに向いているという評価を得られるので昇進しやすい**、ということです。

「評価が低い」と聞くと、つい「個人の問題」だと捉えてしまいがちですが、**昇進構造にもともとジェンダーギャップがある状態**で、さらに**評価する側にバイアスがかかっている**という、2重の構造になっている状態だということがご理解いただけたでしょうか。

17　リクルートワークス研究所（2013）では、「日本の育児休業制度は世界でも類を見ないほど充実しており、1年間でも世界から見れば非常に長い方である。現在以上に育休を長期化させると蓄積してきた能力や人的ネットワークが陳腐化します。育児休業後にすみやかに職場に復帰し、全力で仕事にチャレンジできる環境を整えることが求められます。」と述べ、育休への1年での復帰を提唱している。

18　若林，宗方（1987）の研究によると、「職場で女性が期待され、評価される能力はおよそ次の2つに大別される。①協調性、共感性などの対人能力、②確実性、持続性などの作業処理能力」また男性は、「①集団をまとめて引っぱっていく能力（リーダーシップ）、②企画・開発などの創造的な能力、③分析し、判断する能力」であると述べている。また、それぞれこのステレオタイプ的な行動をとった時に高い評価を得られるということを指摘している。また、「男性評定者は、性ステレオタイプ的偏見に結び付けて、女性管理者を評価しがちであることも示唆された。すなわち、男性が女性管理者に対し好意的態度を持つ場合でも、その根拠は男性的リーダーシップがあるということではなく、あくまでも女性ならではの行動（配慮行動等）に力点が置かれていることを示している」と述べている。

次は、**昇進意欲**についてお伝えします。「女性は昇進意欲が低い」と言われることがよくあります。しかしながら、昇進意欲は本当に性差に影響しているのでしょうか。また、どのような環境や支援があると、昇進意欲は上がるのでしょうか。昇進意欲の実態と、昇進意欲を高めることに影響することを解説していきます。

③　女性の昇進意欲が低くなってしまう理由

1　日本は、性別関係なく昇進意欲が低い

　まずは、昇進意欲の国際比較を見ていきます。図表4-7のパーソル総

図表4-7　管理職になりたいと思っている人の比率（％）

Q. あなたは、現在の会社で管理職になりたいと感じますか。（5段階尺度）
ベース｜非管理職（一般社員・従業員）　　　　　　　　※スコアは、「そう思う」「ややそう思う」の合算値

	回答者数	全体（％）	男性（%）	女性（%）	男女差（pt）
1位　インド	（94）	86.2	87.0	85.4	1.6
2位　ベトナム	（360）	86.1	88.2	84.2	4.0
3位　フィリピン	（402）	82.6	79.8	84.9	− 5.1
4位　タイ	（417）	76.5	76.7	76.3	0.4
5位　インドネシア	（361）	75.6	73.3	77.8	− 4.5
6位　中国	（383）	74.2	81.6	67.6	14.0
7位　マレーシア	（294）	69.0	77.3	62.7	14.6
8位　韓国	（410）	60.2	62.7	58.5	4.2
9位　台湾	（580）	52.2	57.6	48.4	9.2
10位　香港	（577）	51.3	57.9	45.4	12.5
11位　シンガポール	（419）	49.6	58.1	43.7	14.4
12位　オーストラリア	（487）	44.8	51.9	40.3	11.6
13位　ニュージーランド	（549）	41.2	47.8	36.5	11.3
14位　日本	（387）	21.4	26.8	15.2	11.6

（出典：パーソル総合研究所〔2019〕「APAC就業実態成長意識調査（2019年)」）

合研究所の調査によると、国際的に見て、日本は性別問わず昇進意欲が低いことが分かります。

　また男女での違いを見てみると、他国も含めて女性よりも男性の方が「10ポイント以上」昇進意欲が高い傾向が見て取れます。しかしながら、昇進意欲が高い5位までの国は、ほぼジェンダーギャップは見られず、フィリピンやインドネシアについては、女性の方が昇進意欲が高いという傾向がありました。この調査結果を見ると、**「日本においては性別関係なく昇進意欲が低い」**こと、**「日本においては、男性の方が女性よりも昇進意欲が高い」**傾向にあることが分かります。しかしながら、全ての国において、男性の昇進意欲が高いとは言い切れない結果ともいえます。

　では、どのような環境が、昇進意欲に影響するのか。性差の特徴についてや、昇進意欲が高まる環境について、整理をしていきます。

❷ 「女性にとって不利な環境」だと、自信やリスクテイクの傾向が低くなる

　期待されている能力にもジェンダーの意識が含まれているという点は、昇進プロセスの上司からの評価の部分でお話しをしました。性別で期待される能力を発揮すると、より評価を受けるということがわかっています。

　別の研究では、**女性の場合、「融通が利く」「他人の福祉に関心がある」「人間関係を重視する」**ことが期待され、その行動を行ったときに褒められたり、評価されたりする。一方で**男性は、「競争に対する選好があること」「自信過剰」「リスク回避的でないこと」「フィードバック回避的でない」**ことが期待され、その行動を行ったときに褒められたり、評価されたりすると言われています[19]。

　女性、男性、どちらであっても、元々自分自身にその特性が無かった場合（融通が利かない女性、リスク回避的な男性など）、性別だけで期待されること自体、プレッシャーに感じ、違和感やしんどさを感じるこ

とがあり、良いこととは言えません。これは性別関係なく言えることだと思います。

　しかしながら、「管理職になる」ということに限定した時には、男性の期待役割の方が有利に働くと言えるのではないでしょうか。それは、**男性として期待される役割と、従来型のリーダーシップのあり方が一致している**からです。そのため、男性にとっては「管理職を希望する」こと自体が男性の期待役割を達成し、評価されることに繋がるということになります。

　そのため、リーダーシップ像や性別での期待役割が変化しない限り、自分の性の役割期待を達成するために、（本来は希望していなくても）管理職を希望する男性は一定数存在することは前提として考えることができます。（図表4-8）

図表4-8　性別ごとに期待される役割

〈女性として期待されがちな能力〉
①融通が利く
②他人の福祉に関心がある
③人間関係を重視する

〈不得意と認識されている能力〉
①交渉する意欲と能力
②自信
③リスクを取る能力

〈男性として期待されがちな能力〉
①競争を好む
②自信過剰である
③リスク回避的でない
④フィードバック回避的でない

従来型のリーダーシップ・管理職像に
合っていないと捉えられる

従来型のリーダーシップ・管理職像に
合っていると捉えられる

19　Niederle & Vesterlund（2008b）は、管理職登用という競争的環境への参入に性差があることについて、4つの説明を提示している。女性よりも男性の方が①競争に対する選好（preference）があること、②自信過剰（overconfident）であること、③リスク回避的でない（less risk averse）こと、④フィードバック回避的でない（less averse to feedback）こと、である。計算問題を用いた実験の結果、自信過剰の影響を統制した後も、依然として競争に対する選好の性差が説明力を持つことがわかった。

　ここからは、女性が不得意だとされており、かつ管理職には必要だとされている**「①交渉する意欲と能力」「②自信」「③リスクを取る能力」**について、実際に性差が存在するのかについて調べた研究を紹介します。2018年、ロビン・J・エリー（Robin J. Ely）は、"What Most People Get Wrong About Men and Women（男性と女性について多くの人が誤解していること）"で、この３つの性差の根拠について、これまでの先行研究を用いて説明しています[20]。

● **「①女性は交渉する意欲と能力がない」のか。**
　400件以上もの先行研究から123件の効果量を算出し、女性の性別役割との不一致が最も高いと予測される条件と、最も一致していると予測される条件で検証を行った。すると、女性の性別役割との不一致が最も高いと予測される、**交渉経験がない交渉の場面**や、**構造的曖昧さが高い交渉の場面**であると、男性が交渉において有利という結果が出た。逆に、女性の性別役割と一致していると予測される、**他人のための交渉の場面**や、組織などの大きなものではなく**個人のための交渉の場面**の場合、また**交渉経験がある場面**では、経済的なアウトカムの性差が減少し、むしろ女性の方が有利であるという結果が出た。
　このように、「期待される性別役割」と一致する環境下が整えば、**交渉によるスキルには性差が無い**という事が明らかになっている。

● **「②女性は自信がない」のか**
　約48,000人の若者の大規模データを用いて、男女の自尊心の差を調べた研究では、男性が女性よりも自尊心が高いスコアであるという結果が出た。しかし、顕著な違いがあるのは思春期だけで、

20　Tinsley & Ely（2018）．"What Most People Get Wrong about Men and Women: Research Shows the Sexes Aren't So Different". Harvard Business Review 96（3）（May-June 2018）：pp.114-121 を要約

23歳以降になると違いは無視できるほど小さくなると結論づけている。

● 「③女性はリスクを取る能力がない」のか

　約2,000人のミューチュアルファンド投資家が行った調査結果によると、女性は男性に比べて、「直近の投資判断」「最大の投資判断」「最もリスクの高い投資判断」において、リスクを取る確率が低いことが分かった。

　しかしながら、金融市場や投資に関する投資家の知識を回帰式でコントロールした場合、リスクを取ることに対するジェンダーの影響が有意に弱まることも分かった。これは、リスクを取る傾向に性差があるのではなく、**情報へのアクセスに性差があり、それによってリスクテイクの傾向が左右される**と分析されている。

図表4-9　背の高さと自信

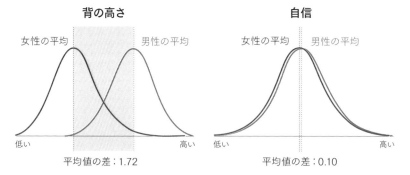

（出典：Tinsley & Ely〔2018〕. "What Most People Get Wrong About Men and Women". Harvard Business Review 96（3）（May-June 2018）を元に作成）

　同論稿では、①②③の調査結果をメタ分析した結果、男女の自信の差

を比較したところ、男性の方が統計的には有意ですが、**自信の差は統計的には微差**であり、本質的に意味をなさないと言える差だと述べられています。

　それは、図表4-9に示した同論稿に示された左グラフのイギリスにおける**「男女の身長の分布」**と右グラフの**「男女の自尊心の分布」**を比べるとよく理解できるかと思います。

　男性の身長の平均の山と、女性の身長の平均の山を見比べると、明らかに差があることが分かります。実際、男性の平均身長は5フィート9インチ、女性は5フィート3インチで、6インチの差があります。

　身長に対する性効果の大きさは1.72で、「大きい」とされます。この性差を基準にして右のグラフを改めて見ると、**「自尊心（自信）の男女差」**は、はるかに小さい事が分かります。実際の効果量は0.10とわずかです。

　同じ分析を男性と女性の交渉結果とリスクを取る傾向について行ったところ、効果の大きさはそれぞれ0.20と0.13であり、自信と同様に微差であると述べられています。

　このように、先行調査や文献における調査結果を元に分析をすると、**「交渉」「自信」「リスクテイク」の性差は微量**であることが分かりました。

　しかしながら、結果的に全てにおいて、男性の有意性も存在することも分かりました。これは、何を意味するのでしょうか。

　つまり、男性の期待役割が昇進する上での役割と一致しており、情報や経験がある一定の属性や対象の人しか享受できない環境である場合は、**女性（さらには、その特性を持っていない男性も含む）が能力を発揮できない環境に陥りやすい**ということなのです。

3　ホモフィリーが排除を生むことも理解する

　ここでは先ほども少し触れましたが、ホモフィリーという概念を説明していきたいと思います。ホモフィリーとは、**同じような属性や価値観**

を持つ人とつながろうとする人間の傾向のことを言います。ソーシャルネットワーク研究の基本的な考えの一つで、同質性とも呼ばれます。人は同じ属性の相手に親近感を持ちやすく、またホモフィリーの相手から影響を受けやすいと言われています。

　ホモフィリーの課題について、男女の問題を例にすると「個人の能力」という課題に偏ってしまうので、別の例で考えてみましょう。

> 　日本人のＡさんが、SEの実力を評価されて**インド人が90％働く企業**に、マネジャーとして出向することになりました。
> 　英語が堪能で、全ての社員に英語が通じるので、意思疎通は問題なく行うことができます。
> 　しかしながら、インド人が多い会社なので、**仕事上での重要な人脈づくりや情報は、ミサの時にヒンドゥー語**で話されることが多いという環境があります。
> 　日本人の社員もマネジャーもいないので、自分のスタイルを作り出すことが難しく、あまり会社で評価されていないという状況があります。

　いかがでしょうか。このＡさんが評価されないのは、Ａさんの能力が低いからだと思いますか。客観的に見ると、Ａさんの能力ではなく、Ａさんがインド人の多い会社の中で上手くコミュニケーションが取れていないことや、マイノリティであることが要因であるように見えますよね。

　またミサという宗教が関わるような、個人の努力ではどうにもできない環境でインフォーマルなコミュニケーションを取られてしまうと、なかなか個人の努力では難しい状況があります。このような環境は、「インド人のホモフィリー人脈が厚い」と言えます。

　もしあなたがこの会社で、Ａさんをサポートできる立場だったら、どのように考えますか？　**他の社員とより深い関係性が築けるような場を創ったり、重要情報をインフォーマルな場で話さないように働きかけたり。他にも、日本人で同じような境遇にある人を紹介してあげたり**もす

るかもしれません。

　実はこのような環境が、現在企業で働く女性には存在するのです。

　特に男性が多い企業では、**男性のホモフィリー人脈が厚くなり、社内の異動情報や重要情報を、男性の人脈の中や「飲み会・たばこ部屋・ゴルフ」などで共有される**ことが多くなるのです。現在では飲み会・たばこ部屋・ゴルフでない場合もありますが、会議とは別の場で交流しているという例もあります。そうなると、**個人の能力とは関係ない部分で、活躍が阻害されてしまう**のです。

　これは、女性だけではなく、このような場に行きたくないと考える男性社員にも言えることだと思います。このような、ある種、「えこひいき的」な環境があると、性別関係なく管理職になる事をネガティブに考える人が増えていくことは、若手社員にヒアリングをしていても多く聴かれることです。

　インポスター症候群[21]という、何かを達成したり成功したりしたとしてもそれを自分の実力だと肯定できない状況を意味する言葉があります。

　これは、「自分は他者よりも劣っているからもっと頑張らないと」「どうせ人よりも能力がない」と考え、自分を過少評価してしまう傾向のことで、女性に多く見られると言われています。

　アメリカの研究[22]では、女性が男性より劣るというステレオタイプがある仕事の場合、女性は男性に比べて自分の能力をより厳しく評価したほか、自身に課すレベルをより高く、厳しくする傾向があることが明らかになっています。つまりは、**男性ホモフィリーが厚い場合、女性が自信を失いやすい**ということです。

21　「インポスター症候群」は、1978年に心理学者のポーリン・R・クランスとスザンヌ・A・アイムスによって提唱された。この概念は、成功している人々が自分自身を評価する際に、「自分は詐欺師であり、成功は偶然や他人の助けによるものだと感じる現象」を指す。

22　Correll（2004）. "Constraints into Preferences: Gender, Status, and Emerging Career Aspirations," American Sociological Review Vol 69, Issue 1, 2004.

第 4 章　日本企業で女性管理職が増えない理由

同質性は、時に関係性を強くして良い効果が生まれることもありますが、その反面、そこに当てはまらない人を排除していることがあると認識する必要があります。

4　女性の背中は３回押す。昇進意欲にまつわるワナ

昇進意欲についてお話をしていると、「すべての女性社員がバリバリ働きたいわけではないのでは」「自社には昇進したい女性社員はいない」といった声を聞くこともあります。もちろん、そういった方もいるかもしれません。でも、それは男性社員にも言えることかと思います。

会社のマネジメント層を育成する上で重要なのは、マネジメントに必要な能力や資質です。男性の場合は、「昇進意欲ある？」と聞かずに、期待をかけ、育成していると思います。同じように女性社員にも期待をかけ、背中を押し、育成をしていきましょう。ただ、**女性の場合は背中を３回押していただく**ことを意識していただけたらと思います。

図表4-10は、NPO法人J-Winが女性管理職に対して、管理職になる前と、登用された後とで管理職に対するイメージについてのアンケート調

図表4-10　女性の管理職登用前後の意識差

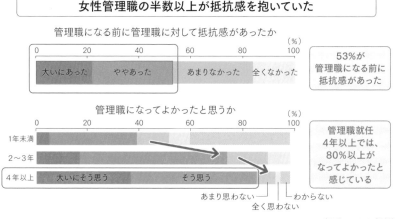

（出典：J-Win提供）

査です。「管理職になる前に管理職に対して抵抗があったか」という質問に対して、53％と半数以上の方が「抵抗感があった」と回答しています。

　ところが、**管理職になってから4年以上経過すると、80％以上の方が「管理職になってよかった」と回答している**のです。つまり、抵抗感を持っていても、ほとんどの人が4年後には前向きに考えるようになるのです。

　ではなぜ、良かったと感じるまでに時間が掛かるのでしょうか。それは、求めている報酬の違いが影響していると考えます。働くことによって得られる報酬の種類として**外的報酬（昇進や金銭的な報酬など）**と**内的報酬（やりがいや達成感）**があり、どちらに対して動機付けられるのかで求める報酬が異なってきます。

　実際に研修を実施していると**女性は傾向として、内発的動機付け[23]の方が大きく作用する**と感じます。また最近では、若手は性別関係なく、内発的動機付けの方が作用している傾向があると感じます。

　つまり、女性は自分が昇進をして管理職になって収入が高くなった、役職が就いただけでは、大きな喜びは感じない人が多いのです。

　それよりも、自分が管理職になったことによって、**部下が育った、組織が良くなった、自身も勉強になり成長を感じられている**、といったことの方が、本質的に大きな喜びを感じます。だからこそ、良かったと感じるまでに年数も掛かるのです。そしてこのような意識で管理職になる方の方が、組織としては必要な存在なのではないでしょうか。

　管理職登用前やなりたての頃は「管理職になりたくない」「自信がない」と思う人も多いかもしれません。そうだったとしても、上司の方はぜひ3回くらい背中を押していただきたいのです。**経験ができ、ネットワークができれば、少しずつ自信ができて、ポジティブに変化していきます。**是非見守ってください。

23　エドワード・L・デシが「外発的動機付け」と「内発的動機付け」の関係性を理論化し、自己決定理論（self-determination theory（SDT））を提唱した。

リーダーシップの変化

社会の変化に応じて、リーダーシップが変化してきているという点も重要です。リーダーシップとは「影響力」であり、組織に効果的な影響力の与え方は社会や組織の変化に応じて変わっています。

従来型のリーダーシップは**支配型リーダーシップ**といって、管理者であるリーダーが業務に対する姿勢や考え方、価値観を提示し、それに部下を従わせて圧倒的なリーダーシップを発揮していくことが多かったのです。それは、決まった成功の方法や方針が決まっている中では有効な方法だったかもしれません。しかしながら、部下が多様になってきたり、社会が予測できない形で変化している場合、それぞれの強みを活かし、支援していく**「サーバント・リーダーシップ」**[24]という在り方や、組織の全員がリーダーシップを取って、影響を与え合っているという**「シェアド・リーダーシップ」**[25]が有効であるという考え方が出てきました。更には自分らしいリーダーシップを確立していく**「オーセンティックリーダーシップ」**[26]という考え方も出てきており、多様なリーダーシップの在り方が提唱されています。

---

24 Greenleaf（1977）は、1970 年に出版されたエッセイ「The Servant as Leader」（邦訳：サーバントリーダーシップ）の中で、「サーバント・リーダーシップ」という言葉を最初に広めた。「サーバントリーダーであることの最も重要な特徴は、自分の主な優先順位を、リードすることではなく、奉仕することとすることである。」グリーンリーフは、サーバント・リーダーがまず奉仕からはじめ、他の人のニーズを最優先し、他の人の成長に成功と「力」を見出すことを提案した。

25 Pearce & Conger（2003）は、シェアド・リーダーシップは、「グループまたは組織、あるいはその両方の目的の達成に向けて個人がお互いにリードし合うことを目的としたグループに所属する個人の間の動的かつ相互作用的な影響力のプロセス」と定義されている。また、Zhu ら（2018）では、さまざまな定義に共通するものとして、「同僚間での水平的な影響力」「チーム内での自然発生的な現象」、そして「リーダーシップの役割や影響力が集団内で分散」の 3 点が挙げられている。石川（2016）では、シェアド・リーダーシップは、「職場やチームのメンバーが必要なときに必要なリーダーシップを発揮し、誰かがリーダーシップを発揮しているときには、他のメンバーはフォロワーシップに徹するような職場やチームの状態」と定義されている。主な特徴としては、「全員がリーダーシップを発揮している」「誰かがリーダーシップを発揮しており、それが適切と感じたときには、他のメンバーはフォロワーシップに徹する」「リーダーとフォロワーが流動的である」の 3 つが挙げられている。

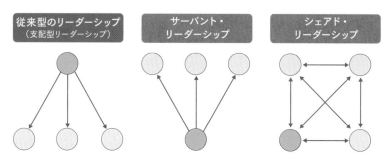

図表4-11　多様なリーダーシップ

従来型のリーダーシップ
（支配型リーダーシップ）

サーバント・
リーダーシップ

シェアド・
リーダーシップ

　自社の管理職が支配型リーダーシップを取っている人ばかりの場合、自分の特性や理想の在り方が異なると、「自分は管理職には向いていない」と思わせてしまう要因にもなります。特に女性社員の場合、支配型リーダーシップを取りたいと思っている人が少ない事もあり、余計に昇進意欲が低くなる傾向があります。それは若手の男性社員も同じ傾向があります。現在は**多様なリーダーシップスタイルがあること**を伝え、それを受け入れる環境をつくることが、多様な管理職を増やすことに繋がるのです。

4　女性の昇進意欲が高い組織の共通点

　ここまで、昇進意欲に関係する環境について述べてきました。では、女性の昇進意欲が高い企業の共通点とはなんでしょうか。

26　オーセンティックとは、英語で「本物の、確実な、真正な」という意味。オーセンティック・リーダーシップの提唱者のビル・ジョージ氏は、米国メドトロニック社の元CEOである。米国経営協会から「2001年度最高経営者」、米国経営者連合から「2002年度最高経営者」、"ビジネス・ウイーク"誌から「トップ25人の経営者」のひとりに選出されている。ジョージ氏は、「経営リーダーが真正の方法で経営に取り組み、組織をリードしていれば、世界の人々に多大の幸福をもたらし、世界を変えることに貢献できる、永続的な組織を築くことができる」と述べ、自分らしさを貫くリーダーの意義を述べている。またオーセンティックリーダーシップに求められる特性を5つ挙げている（①目的観、②価値観、③真心、④人間関係、⑤自己統制）（George, 2003）。

女性の昇進意欲の向上に繋がる要因と予測されるものとして、「**ポジティブ・アクション施策数**」「**仕事と家庭の両立支援**」「**管理職の賃金（管理職になると賃金が上がるかどうか）**」「**管理職の労働時間**」「**従業員に占める女性比率**」「**ロールモデルの存在**」を軸に分析を行った川口章教授による「昇進意欲の男女比較」の研究[27]があります。本研究について紹介をしていきたいと思います。

　この研究結果によると、女性の昇進意欲を高める際の要因になるのは、「**ポジティブ・アクション施策数**」と「**ロールモデルの存在**」の2つであることが分かりました。

　「ポジティブ・アクション」とは、社会的・構造的な差別によって格差が生じてしまっている立場の従業員に対して、機会均等の実現を目指して取り組みを行うことを指します。

　ポジティブ・アクションの施策が一つ増えるごとに、「課長まで昇進したい」と回答した女性社員の割合が0.6ポイント、「部長以上に昇進したい」と回答した女性社員の割合が0.2ポイント上昇しました。

　ポジティブ・アクション施策の中でも特に効果が高い項目は、「男性に対する啓発」、「女性の能力発揮のための計画策定」、「職場環境・風土の改善」、「女性の積極的な登用」の4つでした。

　特に「男性に対する啓発」は、男女ともに効果が高い結果でした。**「男性に対する啓発」とは、具体的にはアンコンシャス・バイアスの払拭や、役割分担意識の改革**などです。女性の場合はそれに加えて、「女性の能力発揮のための計画策定」「職場環境・風土の改善」の効果も大きく出ていました。

27　川口（2012）は、「企業調査」「管理職調査」「一般社員調査」の3つをマッチさせることで、企業の制度状況と社員の属性や意識を掛け合わせて分析を行った。データは、全国の社員数300人以上の企業6,000社の人事・労務担当に郵送し、管理職と20代の一般社員の男女への回答を促した。有効回収ができた企業調査 863 社（有効回収率 14.4%）、管理職調査 3,299 人（同 11.0%）、一般社員調査 6,529人（同 10.9%）を対象とした。女性の昇進意欲を高める要因になると予測される6つの点（①ポジティブ・アクション施策数、②仕事と家庭の両立支援、③管理職の賃金：管理職と一般社員の賃金格差、④管理職の労働時間：管理職と一般社員の労働時間格差、⑤従業員に占める女性比率、⑥ロールモデルの存在：部課長に占める女性の割合）を軸に分析を行った。

　本研究では、「ポジティブ・アクションに本格的に取組んでおり、**女性のみならず男性にも啓発を行い、職場環境や風土を改革している企業で女性の昇進意欲が高い**」と結論づけています。

1　女性の昇進意欲が高い組織は、男性の昇進意欲も高い

　またポジティブ・アクションの取り組みは、実は女性だけではなく、男性の昇進意欲にも良い影響を与えることが分かっています。

　前述した川口教授の研究では、**ポジティブ・アクションの施策が一つ増えるごとに、「部長以上に昇進したい」と回答した男性社員の割合は、3.1ポイントも上昇**していることが示されています。これは、女性に比べると大幅な上昇です。

　また、同研究にて、ポジティブ・アクションの具体的な取り組み例は、「女性の積極的な採用・職域拡大・管理職への登用、職場環境や人事制度の整備、公平で透明性のある評価制度の導入、組織風土の改善、セクハラ防止規程の策定、男性社員に対する啓発など」が挙げられています。

　つまり、女性活躍だけではなく、様々な属性の立場にある人達が、より能力を発揮できるような職場環境にするための取組みを行うことが重要なのです。これは、第2章でご紹介した、ピースマインドの研究とも共通しています。

　ポイントは、「女性の管理職比率を上げるために、ただ女性を昇進させる」という表面的な取り組みではなく、**「属性に関係なく評価される、公平で透明性のある組織風土へと改善する」**ことです。

　近年は、性別問わず若年層の離職率の高さが問題になっています。年功序列的な運用の企業だと、課長に昇進する30代後半までは責任ある立場の経験もできなければ、賃金もなかなか上がりません。このような理由から、若手社員の職場に対する不満は増え、離職率の増加に繋がっているのです。

　「働きやすく、年齢や性別に関係なく、努力が報われる環境である（公平な処遇や透明性のある人事評価のある）企業」だと感じることのできる職場で働きたいですよね。

女性の昇進意欲が高まる組織風土は、言い換えれば**「属性による差別の無い、誰でも働きやすい組織風土」**であり、このような組織は男性社員のキャリア展望にもポジティブな影響を与えるのです。

2 女性社員の昇進意欲が上がるタイミングと要因

では、会社の環境という大きな枠組みではなく、女性社員が入社してから、どのような経験が昇進意欲を高めたり下げたりしているのかをご紹介します（図表4-12参照）。

図表4-12　女性社員の昇進意欲が上がるタイミングと要因

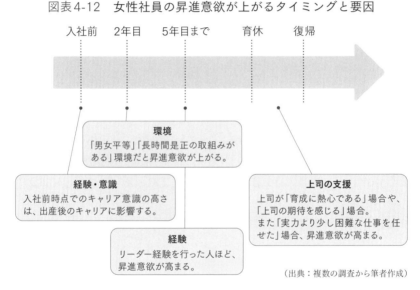

（出典：複数の調査から筆者作成）

最初にお伝えしておきたいのは、**「入社2年目」で、昇進意欲が下がる危険性がある**ということです。独立行政法人国立女性教育会館の調査[28]によると、**社会人1年目で「昇進意欲あり」と答えた中で、社会人2年目には20.6%の女性社員が「昇進意欲なし」に変化している事が**

28　国立女性教育会館（2017）では、調査協力企業17社に平成27年に入社した新卒社員2,137人のうち、第2回調査時点での退職などを除く1,931人（女性753人、男性1,178人）に調査を実施。

分かりました。また、逆に昇進意欲を上げる環境もあります。トーマツ イノベーション株式会社と中原淳教授による「働く男女のキャリア調査」[29]では、「仕事の割り当てが男女平等である」環境と「残業を見直す雰囲気がある」環境である場合、昇進意欲の向上につながることが分かりました。

3　女性の昇進意欲はいつ、どうしたら上がるのか？

次は、リーダー経験の有無が昇進意欲向上にもたらす影響についての調査をご紹介します。女性社員の昇進意欲を創出する要因を調査したところ、「リーダーの経験」がある人はそうでない人に比べて、**昇進意欲が創出される確率が1.8〜1.9倍高い**という結果[30]も出ています。女性の昇進意欲を高めるためには、リーダー経験が必要であることがわかりました。

実際に、私がコンサルティングを行っている企業で、一般社員への昇進意欲を調査した場合、性別関係なく、リーダーの経験がある人は、昇進意欲が高いという傾向が出てきました。特に**5年目までのタイミングで、リーダー経験を行う**ことは、今後のキャリアを考える上でも想像ができ、管理職になる事をポジティブに感じやすいと言えます[31]。

29　中原, トーマツ イノベーション（2018）では、合計17,400名以上の企業で勤める社員に対する調査を実施した。スタッフの女性を対象に「現在、あなたは昇進したいと思っている」という質問に対し「非常にあてはまる」「あてはまる」「ややあてはまる」を「昇進したい」にカテゴリー化し、「あまりあてはまらない」「あてはまらない」を「昇進したくない」にカテゴリー化し両者の回答に有意差があったもの、差が顕著だった職場の特徴2つとして、「仕事の割り当てが男女平等である」「残業を見直す雰囲気がある」が抽出された。

30　西村, 呼（2017）は、2016年4月に独自に実施したweb調査のデータを用いて、分析を行った。アンケート調査において入社時と昇進希望がなかった回答者のデータを利用し、現在は昇進希望がある者と、現在も昇進希望がない者を比較した（対象者35〜54歳の大卒女性・サンプルサイズ1,000）。本調査の分析結果として「リーダーの経験がある場合はそうでない場合に比べて、昇進意欲が創出される確率が1.8〜1.9倍高い。」「リーダーの経験をすることが意欲や自信につながるのであろう。」と述べている。

31　リクルートワークス研究所（2013）では、「最初の5年間で3つの異なる職務を経験する事によって、経験の幅を持った人材に成長していきます。そこで出した実績や能力の伸びを測り、評価の高い順からリーダー職級に昇格させることが重要です。27歳頃で行われるこの昇格が、最初のリーダー選抜となります」と述べ、入社5年程度でのリーダー経験を提言している。

では、育児期を経た女性社員の昇進意欲については、どうでしょうか。公益財団法人21世紀職業財団の「育児をしながら働く女性の昇進意欲やモチベーションに関する調査」では「育児休業から復帰したタイミングの上司の関わり方によって、どれくらい昇進意欲が変わるか」を分析しています[32]。育児期社員の昇進意欲が高い上司の関わり方は、**「あなたの教育に熱心である」「上司の期待を感じる」「建設的なフィードバックをしてくれる」**等という項目でした。

上司が期待を伝え、育成に向けた支援を行い、効率的に仕事を行っている姿が、育児期の社員が昇進意欲を高めることに繋がっているのです。

また、「**上司の仕事の与え方**がどれくらい昇進意欲に影響するのか」も同調査で分析しています。第一子妊娠前と、職場復帰後とで比較したところ、第一子妊娠前も、職場復帰後も、いずれも**「実力より少し困難な仕事」、つまり本人にとっては少しチャレンジングな仕事を任された方が、昇進意欲に寄与**しています[33]。

よく「育児中の女性社員には、負荷が大きいかと思うと責任のある仕事は任せづらい」と遠慮する声も聞かれますが、実際は少しストレッチアサインメントを実施した方が本人の昇進意欲は高まるのです。

このように性別や育児期など関係なく、期待と経験を与えて育成していく事が重要です。

弊社スリールでも、育児期社員と上司に関する調査をよく行っているのですが、昇進意欲や仕事の環境、上司からの支援の有無や内容を見ていくと、やはり**ストレッチアサインメントを実施していたり、女性社員**

---

32 21世紀職業財団（2013）では、301人以上の企業に勤める、子どもを持つ女性正社員2,500人（全国）に対してインターネット調査を実施した。
　職場復帰後の上司の職場管理の特徴別に、現在の昇進意欲の割合をみたところ、「あなたの育成に熱心である」「上司の期待を感じる」「建設的なフィードバックをくれる」「メリハリをつけた仕事の仕方をしている」が特に高い傾向だった。

33 21世紀職業財団（2013）にて、「ライフステージ別の上司の仕事の与え方別昇進意欲」をみてみたところ、「学卒時のキャリア意識が『やや高い』『普通』である場合に、第一子妊娠前と職場復帰後において、『あなたの実力より少し困難な仕事を任せる』ことは、現在『昇進したい』とする女性の割合を統計的有位に増やしている」と述べている。

に対して期待を伝えていたりする組織の方が、**女性社員のキャリアアップに対する意識が高い**ということが見えています。

　効率的に働くような環境づくりをしながら、育児期であっても単純作業ではなく、責任のある仕事を与え、期待を伝えていく。このような活躍支援を上司が行っていくことが、部下の昇進意欲を高める上で重要なのです。

　また先述した21世紀職業財団の調査では、**第1子出産後復帰した後にも昇進意欲が高い傾向がある人は、学卒時にキャリア意識がある一定高い**[34]という結果もでていました。学生時代から長期的なキャリアを考えたり、リーダー経験をするなど、教育を行っていく必要もあります。

4　「女性管理職パイプライン」の考え方

　本章では、日本企業に女性管理職が増えない原因となってしまっている**【構造】昇進プロセス**と**【意識】昇進意欲**について詳しく解説しました。

　最後に、本章の冒頭にもお伝えした**女性管理職パイプライン**の考え方を詳しく見ていきます。女性管理職パイプラインとは、採用から育成、登用まで切れ目のないパイプラインを創っていくことを言います。性別に関係なく、「リーダーシップ・パイプライン」という理論は元々あるもので、採用から管理職、組織のトップまで途切れることのないパイプラインを作り、組織全体でリーダーを育成する仕組みのことを指します。

　しかしながら、あえて女性管理職パイプラインというのは、女性の場合はこのパイプラインが切れやすい、ということがあるからなのです。在籍している女性社員の割合と等しい割合で係長相当・課長相当・役員相当者がいることが望ましいとされていますが、実際は**課長相当に上がるタイミングで女性社員の割合が極端に減る**という状況があります。

34　21世紀職業財団（2013）にて、学卒時のキャリア意識が高かった女性は現在（出産後就業継続）も昇進意欲が高かった。学卒時のキャリア意識は、「学校卒業時に待遇（昇進や配置などに男女差がない）に対し、「重視した」（＝高い）、「まあ重視した」（＝やや高い）、「どちらとも言えない」（＝普通）、「あまり重視しなかった」と「重視しなかった」（＝低い）とした。

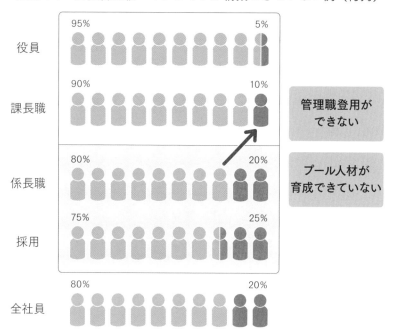

図表4-1　女性管理職パイプラインが構築できていない例（再掲）

役員　95%　5%

課長職　90%　10%

管理職登用が
できない

係長職　80%　20%

プール人材が
育成できていない

採用　75%　25%

全社員　80%　20%

　なぜ、そのような現象が生まれるかについては、本章で解説してきました。その解決策もセットで提案されています。また、大久保幸夫氏・石原直子氏は、先行文献や調査をもとに、図表4-13のような「女性のリーダーシップパイプライン」を提示しています。この提示内容は、今までお伝えした先行研究を元に説明できるほど、全ての施策が理にかなった内容になっています。学生時代から採用・育成・登用まで切れ目のない支援の方法が提案されています[35]。

35　リクルートワークス研究所（2013）では、「女性リーダーをめぐる日本企業の宿題」を分析した上で、16の提言を行っています。①入社式で、将来のリーダーへの期待を表明する、②入社5年、3部署の原則、③27歳で、リーダー職級に、④リーダー職級からは、プロジェクトリーダーで経験値を増やす、⑤長期を見据えたキャリア研修の実施、⑥「2年1単位」で経験をモジュール化、⑦標準5モジュールで管理職、⑧育休MBAの奨励、⑨時間と場所に縛られない働き方を、⑩次世代リーダー候補は、個別人事管理で鍛える、⑪優秀人材に「期限付き再就職オプション」を、⑫リーダーシップ教育を大学の必修科目に、⑬育休は1年でいい、⑭家事・保育サービスに産業革命を、⑮ホワイトカラーの労働時間を2000時間に、⑯共働きを前提とした社会への脱皮

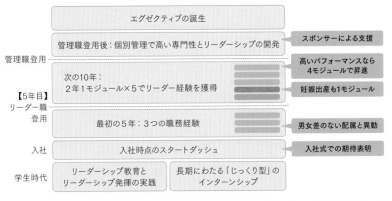

図表4-13　女性のリーダーシップパイプライン全体像

（出典：大久保幸夫、石原直子〔2014〕『女性が活躍する会社』）

1. 学生時代からのリーダーシップ教育、入社時の期待表明
2. 入社5年目までに部署の経験とリーダー職登用
3. 長期を見据えたキャリア研修の実施
4. 育休は1年で早期に復帰
5. その後10年で管理職登用
6. 次世代リーダー候補は個別人事管理で鍛える　など

　1985年に男女雇用機会均等法が制定され、約40年。まだまだ女性活躍推進の歴史は浅いと言わざるをえません。今後は、男女を「平等」に支援するのではなく「公平」に支援する必要があります。

　ジェンダーによるギャップがある部分について意識的に支援する必要があるのです。このような意識的な育成を行っていくと、確実に効果が出てきます。地道に、自社に合わせた施策を行うことで、**属性に関わらず人材が活躍する組織**を目指していきましょう。

　具体的な実践方法については、第5章からの実践編でお伝えしていきます。

第4章 日本企業で女性管理職が増えない理由

第 **2** 部

実践編

第 **5** 章

女性活躍推進3つの視点と7つのポイント：現場・人事編

～女性活躍リードコンサルタントになろう！～

第4章では、女性管理職が増えない理由を人事制度の構造的な問題としてお伝えしてきました。しかしながら、会社として変革を行うためには、制度を変えていくだけでは変わっていきません。第5章では「第2部　実践編」として、組織変革を行う上で重要な3つの視点と7つのポイントをお伝えします。

1　女性活躍推進3つの視点と7つのポイント

女性活躍推進をしていくためには、**「経営」「人事（現場）」「社内外コミュニケーション」**の3つの視点が重要です。

以下の**「女性活躍推進3つの視点と7つのポイント」**は、経済産業省が提示している「ダイバーシティ2.0行動ガイドライン」を元に、スリール独自で作成したものです。

図表5-1　女性活躍推進3つの視点と7つのポイント

視点1. 経営陣の取り組み
①企業のビジョン・目標の明確化
②能力を発揮・評価できる仕組みづくり
③現場と経営を繋げる推進体制の構築

視点2. 現場（人事）の取り組み
④管理職パイプラインを意識して、段階ごとに着実に継続して行う
⑤マネジャー層のアンコンシャス・バイアスの払拭
⑥働きやすい環境の整備

視点3. 社内外コミュニケーション
⑦社内外コミュニケーションを強め、社員に浸透させる／外部環境の変化を捉え、
　対話を行う

これらを実践していくためには、現場の声を聴きながら課題を把握し、経営への提言を行い、社内外のコミュニケーションを行うことで、組織変革を行っていく必要があります（私はこのような行動を行う人事

のことを「**汗かく人事**」と呼んでいます）。

また弊社ではこのことを女性活躍の分野で行う人を、「**女性活躍リードコンサルタント**」と呼んでいます。

図表5-2　女性活躍リードコンサルタント

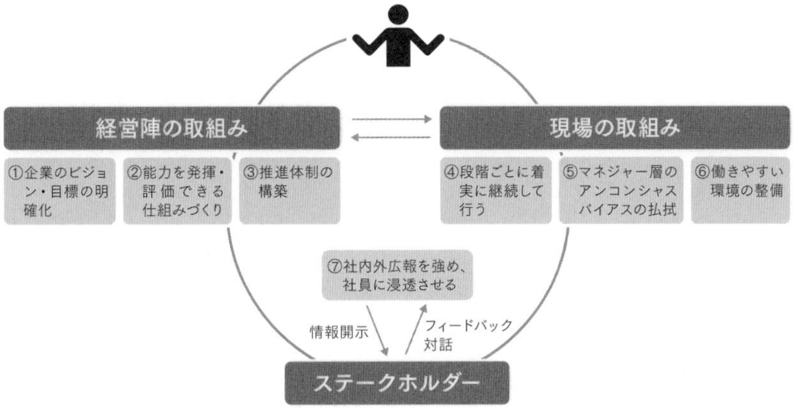

基本的には、**現場である人事が取り組みを行い、経営、広報へと広げていきます**。また、得られたデータや現状を経営陣に提示することで、経営戦略や評価制度への組み込みを提言していきます。そして広報は、社内の仲間を増やして行くことで全社的に取り組んでいく組織風土を醸成します。得られた成果を積極的に社外広報していくことにより、経営陣からの認識や、社外からの評価も変わってくるでしょう。

それでは、いよいよ実践です！
「**女性活躍推進３つの視点と７つのポイント**」に沿って、より詳しい実践方法をお伝えしていきます。

5章では、先に「視点２．現場（人事）の取組み」から解説していきます。

2 現状把握と5つのステップ

1 その施策、本当に自社に合っていますか？ 女性活躍チェックシートを活用して自社の現状分析をしてみよう

まずは自社の現状分析から始めます。現状把握を正しくできていないと、施策もずれていき、求める成果が得られないからです。現状課題を整理するためのファーストステップとして、簡単なチェックシートを用意しました。

チェックの数は、当てはまればいくつでもしていただいて大丈夫です。感覚的で大丈夫ですので、1分程度で早速やってみましょう。

図表5-3　女性活躍ステップ簡易チェックシート

	項目	チェック
1	女性の採用比率が増えない	☐
2	28歳前後の女性社員の退職が多い	☐
3	子育てを理由に、女性社員が退職している	☐
4	育休復職した後、辞めないが、活躍もしない	☐
5	上司が、妊娠中・子育て中社員への対応に悩んでいる	☐
6	女性管理職（課長職）が増えない	☐
7	課長職は全体の女性社員の比率を超えたが、エグゼクティブが育成できない	☐
8	女性活躍の状況がよくわからない	☐

いかがでしたか？　このチェックシートのどの項目にチェックが入ったのかによって、自社の女性活躍における課題や現在の自社のステップを知ることができます。

「自社のステップ」と書いたのは、女性活躍推進には大きく分けて5つのステップがあるからです（ **2** で解説していきます）。

よく女性活躍推進におけるお悩みとして、「女性が誰しもバリバリ働

きたいとは限らない」「女性社員は管理職になりたがらない」という声を聞きます。女性だけではなく最近は若手の男性もそうなのですが、最初から「絶対に管理職になりたい！」と強く考えている人は多くありません。

まずは、「この会社で働き続けたい」と思えるかどうか。次に、育児、介護といったライフステージを迎えても、働き続けられそうで、かつ働き続けたいと思えるかどうか。そして働く中で、適正な評価を受け、自信を得ていく。こうしたステップを経て、最終的に**「管理職にチャレンジしてみてもいいかも」**と思えるのです。

つまり、管理職育成をしていくためには、性別問わず「管理職にチャレンジしてみたい」と思えるような段階を踏む必要があるのです。

❷　女性活躍のための５つのステップ

では具体的に、どのようなステップを踏む必要があるのでしょうか。

次にご紹介する**「女性活躍５つのステップ」**は、女性活躍推進における会社のステップを５つにまとめたものです。この簡易分析により、どのような状態の社員が会社の中に多いのか把握することが可能です。現在社員が、どのような状況にいるのかを理解することによって、どのような施策が有効なのか検討することができます。

図表5-4　女性活躍５つのステップ

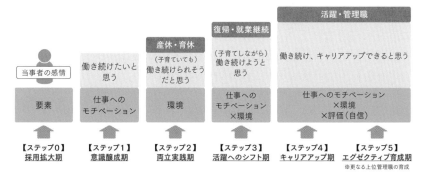

※更なる上位管理職の育成

第5章

女性活躍推進３つの視点と７つのポイント：現場・人事編

1チェック：【ステップ0】採用拡大期　女性社員自体が少ない状況

2チェック：【ステップ1】意識醸成期　女性社員を採用しても早期に退職する状態

3チェック：【ステップ2】両立実践期　育児期社員の就業継続が困難な状態

※1-2チェック無し

4-5チェック：【ステップ3】活躍へのシフト期　育児期社員の就業継続はできるが、活躍できていない状態

※1-3チェック無し

6チェック：【ステップ4】キャリアアップ期　女性活躍はある一定進んでいるが、管理職像が画一的な状態

7チェック：【ステップ5】エグゼクティブ育成期　課長職は増えてきたが、更なるキャリアアップに課題がある状態

女性活躍ステップ簡易チェックシートと照らし合わせて、あなたの企業が今どのステップにいるのか詳しく見ていきましょう。

まずは、1番の「女性の採用比率が増えない」にチェックがついた場合。こちらはステップ0ということで、女性社員自体が少ない状況ですので、**採用拡大期**にあたります。この場合は、まずは会社の方針を設定することが重要になります。

次は、2番の「28歳前後の女性社員の退職が多い」にチェックがついた場合。こちらは女性社員を採用しても、早期に退職をしてしまっている状況になり、**ステップ1の意識醸成期**に該当します。若手の女性社員が仕事に対するモチベーションを高められるような施策が必要です。

次は、1－2番にチェックはつかなかったけれど、3番にチェックがついたという場合。こちらは**ステップ2の両立実践期**に該当します。
育児期社員の就業継続が困難な状態ということになりますので、**育児**

期社員や若手社員に向けた両立支援の施策が必要になってきます。

　１－３番にチェックはつかなかったけれど、４番や５番にチェックがついた場合。こちらはステップ３の活躍へのシフト期に該当します。

　育児期社員の就業継続はできているけれど、活躍はなかなかできていないという状態で、「時短社員の割合が多すぎる」という状態かと思います。

　この場合は、育児期社員、若手社員、管理職育成に対する施策が必要になります。

　そして、１－５番にチェックはつかなかったけれど、６番にチェックがついた場合。こちらは、「女性活躍はある程度進んでいるけれど、管理職像が画一的な状態」という、ステップ４の「キャリアアップ期」に該当します。

　この場合は、「子どもがいない女性社員しか昇進していない」「子どもがいても長時間労働できる社員しか昇進していない」というケースが多いかと思います。管理職育成、育児期社員、若手社員に対する施策が必要です。

　１－６番にチェックはつかなかったけれど、７番にチェックがついた場合。こちらは、課長職は増えてきたけれど、さらなるキャリアアップに課題がある状態であり、ステップ５のエグゼクティブ育成期に該当します。上位管理職の育成が必要な状態ということですから部長層以上のエグゼクティブ育成や、管理職プール人材の構築といった施策が求められます。

　最後に、８番にチェックがついた場合。こちらはまず、「現場が今どうなっているのか」という調査をするところから始めましょう。

　もっと正確にステップを確認したい方や、自社の状況の調査方法を知りたい場合は、第７章で詳しくご紹介していますので、ご参照ください。

第５章　女性活躍推進３つの視点と７つのポイント：現場・人事編

このように、自社が今どのステップにいるのかによって、求められる施策は変わってきます。

地方の中小企業はステップ2、大手企業はステップ3・4にいる企業が多い印象ですが、**実はステップ3と4の間には、大きな隔たりがあるのです。**女性管理職比率を上げる。つまり、登用をしていく上では、意識の問題だけではなく、「昇進プロセス」も見直す必要があるからです。仕組みや制度、働き方を総合的に変化させていく必要があります。

上司は女性社員の背中を押すような関わり方ができているかどうか、きちんと評価されるような制度になっているか（女性社員が昇進できないような構造上の問題がないかどうか）を重点的にチェックしてみてください。

では、ステップ別に**起こっている状況**の解説と、**具体的施策**についてお伝えします。具体的施策は「**マインド／スキルセット研修**」、「**ポジティブアクション**」、「**ネットワーク**」、「**その他（働き方など）**」という項目で解説していきます。

3 「ステップ0　採用拡大期」　会社のありたい姿を示して採用KPIを決定する

ステップ0は、そもそも女性社員が少ない状況です。
会社の方針を設定し、採用を拡大するフェーズにあります。

女性管理職パイプライン構築の基本は、在籍する女性社員の比率に合わせてパイプラインを構築していくことです。採用のKPIの決め方としては、在籍している女性社員比率と同様になるように設定する等があります。

しかしながら、採用は中長期的にどのような会社の社員構成にしていきたいのかという意思にも繋がっています。例えば現在の在籍している社員の女性比率が10％程度の場合、全体への影響を及ぼすことが可能

な割合まで増やしていく事を目標として採用のKPIを設定する会社も多くあります。「クリティカルマス」という考え方では、30％まで増えてくると影響力を持つようになるとされているので、採用のKPIを30％と掲げたり、人口比や消費者の比率等と同様に50％を採用のKPIに掲げたりしている企業も増えています。

　業界的に、女性社員がどうしても少ないという場合は、業界で女性を増やすような取り組みをされている企業もあります。

　建設業界は、いきいきと女性が活躍できる建設業を目指した様々な取組みを官民一体となって推進しています。大手建設会社で組織する一般社団法人日本建設業連合会（日建連）では、**建設業で働くすべての女性の愛称を「けんせつ小町」**とし、土木、建築、設備、機械等建設業の企業が女性社員同士のネットワーク構築ができるような取り組みを行っています。また学生に向けて建築・建設業の魅力を伝える出前授業を行うなど、**建設業の中で女性社員が増えるような働きかけ**も実施しています。

　また、株式会社メルカリの創業者でありCEOの山田進太郎氏は、2021年7月に新たに**山田進太郎D＆I財団**を設立し、**STEM（理系）分野への進学を目指す女子高生向けに奨学金制度を創設**しています。科学・技術・工学・数学の総称であるSTEM分野で世界的に後れを取っている日本人女子の進出を高校生の段階から支援・促進するための働きかけです。

　このように、女性の参画率が低い業界だった場合、学生時代からの働きかけを行っている企業もあります。会社の社員の採用比率は、企業としての在り方を示すKPIである必要があります。

第 5 章　女性活躍推進3つの視点と7つのポイント：現場・人事編

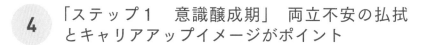

4 「ステップ1 意識醸成期」 両立不安の払拭とキャリアアップイメージがポイント

・起こっている状況

　ステップ1にいる企業は若手の女性社員が、**「この会社では働き続けられない」** と感じてしまっている人が多い可能性があります。

　入社をする時には「この会社で働き続けたい！」と思っていたにもかかわらず、社内を見てみたら、女性は若手か40－50代の方ばかり。少し上の先輩も、育休を経ると辞めてしまうか、復帰をしても独身時代の様な責任のある仕事はできていない人が多くいる。そのような状況の場合には、人材市場の売り手の時期であり、かつライフイベントを迎える前の「28歳前後」で転職を考えるようになってしまいます。

図表5-5　ステップ1の企業で起こっている状況（例）

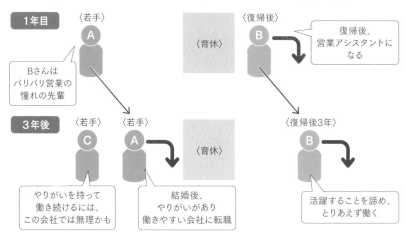

　弊社スリールでは、「子育てを経験していない若手の女性社員350名」に対してアンケート調査を行ったところ、**「92.7％」が仕事と子育ての両立への不安を抱えていました。** スリールでは仕事と子育ての両立に直面する前から不安を抱くことを「**両立不安®**」と呼んでいます。

また、その不安だけが原因で**「転職・退職を考えたことがある人」**が**50.4%**、**「結婚・出産を遅らせる人」**は**46.6%**と、仕事や子育ての両立ができない環境では、転職意向が高まるという結果も出てきました。

図表5-6　仕事と子育ての両立への意識

Q.「仕事と子育てを両立する」ことについて、不安を感じた経験はありますか？

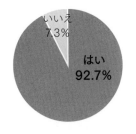

Q.「仕事と子育てを両立する」不安が原因で、転職／退職を考えた経験はありますか？

Q.「仕事と子育てを両立する」不安が原因で、妊娠／出産を遅らせることを考えた経験はありますか？

Q. 現在の仕事は充実していますか？

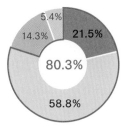

Q. 求められれば、マネージメント（管理職）を経験してみたい

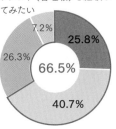

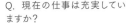
●とてもそう思う　●まあそう思う　●あまりそう思わない　●全くそう思わない

（出典：スリール株式会社〔2017〕「両立不安白書」）

ただ、そういった回答をした人たちは仕事に後ろ向きなわけではなく、逆に前向きだということも分かりました。

「現在の仕事が充実している」と答えた人は**80.3%**。また、**「求められればマネジメントを経験してみたい」**と回答した人は**66.5%**もいたのです。つまり、仕事は楽しいし続けたいけど育児との両立が難しい環境だと思うと、他社への転職を考えてしまうのです。**仕事をしながら子育てやプライベートとの両立ができない環境は、仕事に対するモチベー**

ションが高く、キャリアアップを考えている社員を失う危険性があるということです。

また、1人の若手社員を失うということは、間接的な損失までを考慮すると、最低でも、年収以上に膨れ上がると言われています。例えば**新卒採用では「657万円」、中途採用では「774万円」**と試算されています。また、間接的な損失である「知識の損失」や「周囲のモチベーション低下」、「外部レピュテーション」などを考慮すると、更に膨れ上がると考えられます（図表5-7）。最近は性別関係なくこのような感覚を持っている方が多いので、しっかりと施策を行う必要があります。

図表5-7　若手社員の退職インパクト概算

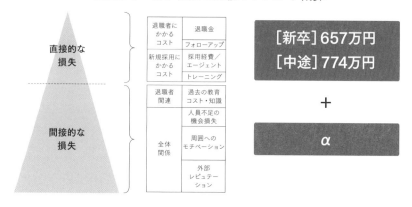

（出典：株式会社ミツカリによる、早期離職コストの算出方法を参照し作成）

・解決策：5年目のライフキャリアデザイン研修（マインドセット研修）

では、どのように若手社員に関わっていけばよいのでしょうか。**本人へのマインドセット研修として、5年目の社員に対して、性別問わず長期的なキャリア（プライベートも含める）を考える研修を実施する**ことが効果的です。内容は以下の通りです。

女性社員が少ない場合は女性向けに行うと有効ですが、性別関係なく実施することも可能です。またこの研修の流れは、他の階層の研修を行う場合にもベースの内容になります。

〈ライフキャリアデザイン研修の内容〉
1. 会社から、長期的に働いて欲しいという期待を伝える
2. 長期的なキャリアビジョンを考えるワーク
3. 自分の強みを理解するワーク
4. ロールモデルと話をする機会
5. ネクストステップのアクション宣言

それぞれ詳しく解説していきます。

1．会社から、長期的に働いて欲しいという期待を伝える

経営者や人事部長などから、社員に対して**「長期的に働き続けてほしい」**という期待を伝えていきます。

それに合わせて、「なぜ自社にとって若手や女性の活躍が必要なのか」を伝えて、社員に対して納得感を得てもらうことが重要です。

また、プライベートも含めてキャリアを継続させるために会社として実施している制度なども伝えていきます。

施策や制度を知らないまま「この会社では働き続けられない」と思われてしまってはもったいないので、情報のインプットも行うことが重要です。

2．長期的なキャリアビジョンを考えるワーク

プライベートも含めたキャリアを長期的に考えることも重要です。

特に若い世代は、現在や1年先くらいまでのキャリアしか考えていない場合があります。また、必要以上に将来に不安を感じすぎてしまっている場合もあります。

そこで、**5年後のキャリアをプライベートも含めて考えて**いくと、自分がモヤモヤしていた悩みが明確になってきたり、「もう少しキャリアアップをしていきたい」という自身の考えにも気づくことができます。

「こんなことをしたら、逆に転職をしてしまうのでは？」と不安に思う方もいるかもしれません。

ですが、そもそも希望して入社している方です。是非、自社の社員を信じてあげてください。むしろ、こういった自分のキャリアや人生について考えてくれる会社であるということは、ポジティブに影響します。社員自身の考えを受け止め、活かしていっていただければと思います。

３．自分の強みを理解するワーク

次に、**強みを理解する**ワークを行います。

目の前の仕事に邁進し続けてきた３−５年、自分にどういった強みがあるのかを理解できていない場合があります。そうなると、次のステージに行くことに恐れを感じる事もでてくると思います。様々な方法がありますが、自分が今まで経験してきた中での強みを理解し、自信をつけて、次のキャリアのステージに進んでいくサポートするワークを行うことが重要です。

４．ロールモデルと話をする機会

特に30代以上の女性社員が少ない職場の場合、**ロールモデル（先輩）と話す機会**がとても重要です。

前述したように、特に若手社員は自分の周囲しか見えていない場合が多いです。まず自社の中に１人でも育児期の方、管理職をしている女性社員の方がいれば、そのような人と対話する機会が必要です。

もし、自社内にロールモデルがいない場合は、他社でも良いので「どのように仕事と子育てを両立しているのか」「どのようにキャリアアップしているのか」を聴く場を創ることが重要です。

ロールモデルの選定において重要なのは、**「多様な状況の人」**を選ぶことです。育児をしない方もいますし、管理職以外の形で活躍したいと

考えている方もいます。「多様な状況でも働き続けられる」ということを意識してもらえるようにしましょう。

また、ロールモデルの方に話をしていただく際に、**「身近に感じられる」場づくり・対話の内容**にすることが重要です。

少人数制で参加者が気軽に質問できる環境にしたり、「大変だったこと」「上手くできていないけど、自分なりに頑張っていること」「楽しかったこと」などを聴くことで、参加者が「自分にもできそう」と感じることが重要です。

〈ロールモデルの例〉
- 育児をしながら継続している社員
- 管理職を経験している社員
- 育児や管理職経験はないが、活躍している社員

COLUMN

ロールモデルが『スーパーウーマン』に見えると、両立不安は高まる

弊社の両立不安白書の調査でも、「仕事と子育ての両立」や「管理職になること」は、スーパーウーマンにしかできないと感じていることによって、不安を感じていることが分かりました。例えば、以下のようなイメージを抱いたりします。

仕事も子育ても完璧にこなすために、保育園の時間は延長せず、定時にしっかり迎えに行き、晩御飯とお風呂、絵本の読み聞かせの時間をしっかり確保する。

そして子どもを寝かしつけた後から仕事を再開したり、早朝に起きて仕事をして、子どもが起きる前に朝晩のご飯も作っておく。1日の睡眠時間は4時間だけど、夜泣きや寝相の変化で睡眠は度々中断されるが、**仕事場ではそれを見せないようにする。**

職場に滞在できる時間が減ってしまうので同僚や顧客との直接のコミュニケーションが減ってしまう。それを補うべく、**短い時間を効果的に使い、言いたいことを適切に伝え、メンバーの話も聞き、悩みにも答える。**

　「時間がない！」という感じを出さないよう、穏やかな雰囲気を心がけたり、話題のテーマや流行のドラマもチェックしておく…。

　若手社員から見ると、このような「仕事も家庭も同僚との関係も完璧にこなす」スーパーウーマンにならないと、仕事と家庭の両立は難しく感じてしまっているのです。

　そんなスーパーウーマンになることに「**無理ゲー**」的な感じを抱いてしまい、怖くなってしまう状況です。実はこれ、女性だけでなく、当事者意識のある男性も同じです。

　このように「自分だけが頑張らねば…」と思うと滅入ってしまうのです。だからこそ、身近な人にリアルな実態を聞く場が必要なのです。自分だけで頑張るのではなく、**周囲の人やサービスに頼っている**こと。また全て完璧にするのではなく**手を抜いている**ことや**自分の時間も大切にしている**ことなど、等身大の姿を伝えてもらうのです。より若手の状況を知りたい方は、是非「両立不安白書」をダウンロードしてみてください。

　色んな人に助けてもらいながら、実施できることや、大変な部分だけではなく楽しさなどを話してもらう仕掛けが必要です。

両立不安白書がDLできます。

５．ネクストステップのアクション宣言

　ロールモデルの話を聴いた上で、自分のビジョンに近づくためのネクストステップを考えることが、行動変容を促す上で重要です。

　研修のまとめとして、「新しく始めること」「続けること」「やめること」「情報収集すること」を書いてもらい、参加者同士で発表してもらいましょう。

　施策にするとしたら、図表5-8のようなライフキャリアデザイン研修を３‐５年目の社員に実施すると効果的です。このような場を継続して毎年行ったり、交流会を複数回行ったりすることも有効です。

　また、この５年目のタイミングでリーダー的役割を経験していくことで、よりキャリアアップの意識が高まります。

図表5-8　ライフキャリアデザイン研修の内容

項目	必要な観点	具体的内容
会社からの期待	・経営層や人事トップから、「自社にとっての女性活躍の意義」を伝え、背中を押す。	・経営層や人事トップからのメッセージ
長期的な視点	・将来の漠然とした不安を抱えがちなので、3-5年後を想像させて何に不安を抱えているのかを見える化する。 ・仕事面だけのキャリアだけではなく、プライベートも含めたキャリアを想像する。	・●年後のビジョンワークなどで理想のライフキャリアを想像するワークショップ
自分に自信を持つ	・自分の行ってきたことに対して自信が持てない傾向が若手には見られるので、自分が無意識に実施してきたことが、どんな強みに繋がるのかを明らかにする。 ・リーダーシップの在り方の多様性を伝える。	・強みワーク（具体的に自分が行った行動から洗い出す内容がより効果的）
多様なロールモデルを知る	・画一的なリーダーではなく、多様な状況のロールモデルを提示する事が重要。（キャリア意識、パートナー・子どもの有無、役職等）	・ロールモデルトーク、座談会（一方通行で行う内容ではなく、少人数で質問がしやすい仕掛けが効果的）
ネットワークを構築する	・プライベートも含めて相談できる場を創ることで、悩んだ時に気軽に相談できるネットワークを構築する。	・グループワーク、ランチ会、定期的な交流会

5 「ステップ2 両立実践期」 育休前〜復帰の支援がポイント

　次はステップ2の両立実践期についてです。ステップ2の企業は、女性社員が、**「育児をしながら働き続ける環境がない」**と感じてしまっている人が多い可能性があります。

・起こっている状況

　育休に入る前には、復帰をして働き続けようと思っていたものの、実際に職場に復帰してみたら、育児期の社員以外は長時間労働をしており、自分はサポート的な仕事しかできない。上司との話し合いもできず、身近に相談できる相手もいない。そうなると、**「この会社で働き続けられない」**と感じるようになってしまいます。

　スリールでは、仕事とプライベートの両立についての脳内構造を提示しています（図表5-9、5-10参照）。仕事と子育てや介護を行っている場合、脳内では、**「仕事」**のこと、**「プライベート（育児・介護等）」**のこと、**「周囲との関係性」**の3本軸を同時並行で考えてしまいます。

　例えば、「仕事では頑張りたいし、貢献していきたい」。でも、「子どもの事は予測ができず、病気になってしまったらどうしよう」と考え、そうなった時に「周りに迷惑をかけられない」と考えてしまいます。

　また、特に女性の傾向としては、先読みをして「今後もずっとこの状態だったらどうしよう」と考えてしまったり、「完璧にやらないと！（できないなら辞めた方が良いかも……）」と120%で考えてしまうのです。

　このようなことが脳内で複雑に思考されてしまい、整理できないまま**「こんなに中途半端なら、仕事を諦めた方が良いかもしれない」**と考えてしまうのです。これは、仕事に対してとても真面目だからこそ、考えてしまう思考なのです。

　逆に男性の育児期社員の傾向としては、仕事と子育てを両立したいという想いがあるものの、**職場内での昇進のプレッシャー**があり、葛藤して思い悩んでしまうことが傾向として増えています。

　実は、現在は共働き共子育てはあたり前の世代が多く、育児期の男性も両立に対して悩んでいるケースが多いことを理解していきましょう。

図表5-9　女性の脳内構造イメージ

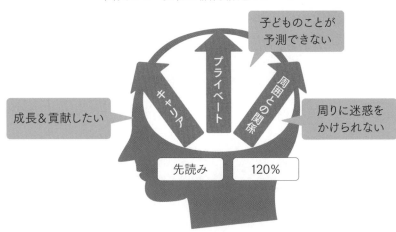

図表5-10　男性の脳内構造イメージ

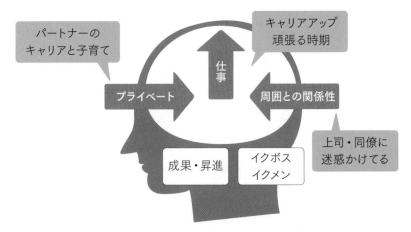

・解決策

　ステップ２にいる企業は、育児期の社員を支援する仕組みを作ることが重要です。もちろん、職場全員の働き方を見直していく事が大事ですが、現状まだその体制が整っていない場合は、まず職場単位で上司が主導して進めていくことが重要です。

1 育休前〜復帰後の面談

　具体的には、育休前から復帰後にかけて、３−５回の面談を実施することをおすすめしています。

　ポイントは、**「長期的なキャリア展望」**と、**「育児の状況や子育てサポート状況」**を聴くこと。よくある失敗例は、「体調しか聞かない面談」です。

上司	「いつ生まれる予定なの？」
女性社員	「来年の５月です」
上司	「体調は大丈夫？」
女性社員	「今のところ、大丈夫です」
上司	「そっか。無理しないでね」
女性社員	「ありがとうございます」
２人	「……」
上司	「じゃあ、面談は以上です」
女性社員	「ありがとうございました」

といった具合です。

　体調面に対する気遣いや配慮はもちろん必要です。しかし、活躍支援をするために聴くべきことは、他にもたくさんあります。妊娠中の面談であれば、**「長期的にはどのようなキャリアプランを描いているのか」「復職をしたらどんな働き方をしたいと考えているのか」**などについて聴いていきしょう。

　もちろん、女性の側からしてみても、産まれてみないと分からないこ

ともたくさんありますから、現時点でイメージできる範囲で構いません、という姿勢を見せることも大切です。

育休中の復帰前の面談であれば、**「職場復帰する際の家庭のサポートの体制」「パートナーの状況」「パートナー以外に育児や家事を手伝ってくれるような人はいるのかどうか」**、などを聴いていきましょう。

また今後のキャリアを後押しするためにも、第4章でも触れたように約1年での早期復職を促すようにしましょう。もちろん、お子さんや本人の体調などの事情がある場合は、その事情を加味した対応をすることが大切です。

以下の面談の流れの例をぜひ参考にしてください。

〈面談の流れの例〉
①現状の状況を聴き、理解する。
　1）子どもの状況を聴く
　2）自身の体調を聴く
　3）復帰後のサポート環境（パートナー等）を聴く
②育休前・現在の仕事へのポジティブな評価をする
③現時点で、数年後どうなっていたいかを聴く
④現時点で、復帰後はどんな仕事をしたいかを聴く
　ー現時点で考えている仕事について話し、意見を聞く
⑤ネクストステップを考える。
　（次回の面談日や、お互いに行うことを決める）

復帰直後は、慣れない育児と仕事との両立で不安だったり、正直仕事に手がつかないような状況だったりすることもあるでしょう。そのような状態で面談をすると「今は初めての育児でいっぱいいっぱいなので、新しい仕事や責任のあるポジションを任せていただく余裕はありません」と答える女性社員もいるかもしれません。

上司も「しょうがないよね」と受け止めるわけですが、半年も経てば

育児や新しいライフスタイルにも慣れてきて、また違った景色が見えているかもしれません。それにもかかわらず、復帰直後にのみ面談をして、「この社員は昇進意欲がない」と評価をされたまま何年も経過してしまうと、大変もったいないです。

そのため、**復帰してから半年後にももう一度面談をして、状況を伝え合うことはとても重要**です。面談の際には、長期的なキャリア展望と必要なサポート状況を一覧で記入でき、異動をしても引き継げるようなシートを活用すると便利です。

図表5-11では、妊娠中〜育休復帰後の対応方法の例を書いていますので、是非参考にしてください。

図表5-11　妊娠中〜育休復帰後の対応方法例

	妊娠初期〜中期	妊娠中期〜後期	復帰半年後	復帰1-2年後
社員の状況	妊娠期の体調不良（主につわり）	妊娠期の急な容態の変化	復帰後の子どもの体調不良	次の仕事について考える時期
現象	遅刻、早退、欠勤	緊急的に早産産休を取る	早めのお迎え、欠勤がある	[状況により異なる]
対応方法	妊娠後2−3ヶ月はつわりがひどい人もいますし、また検診などで病院に行く頻度も増えます。無理して出勤させるのではなく、出退勤の緩和など行い、無理なく仕事をしてもらう環境を作りましょう。	予定よりも早めに産休をとる可能性があります。育児休業を取る際に、ギリギリの引き継ぎスケジュールで組むのではなく、余裕を持った引き継ぎスケジュールを行うようにしましょう。このようなことをメンバーにも周知しておきましょう。	1歳前後で復帰した場合、特に最初は休む可能性が高いです。上司も本人にも、メンバーにも伝えておくことで、お互いに無理をしない、させない関係性を築く。	こどもも3歳頃になると、身体的にも落ち着いてきます。その頃、仕事やキャリアについて再度考え始めてくる時期でもあるので、あらためて役割期待について話し合う時期でもあります。

また、男性が育児休業を取得する際にも利用できる面談シートも次のQRコードからダウンロードすることができますので、よろしければ活用してくださいね。

面談シートが
DLできます

2　職場のチーム化（働き方）

また育児をしながら働く職場環境を創るポイントは、**「職場のチーム化」**です。

　仕事を属人化させるのではなく、チームで仕事ができるような仕組みを全員で作ることで、職場全体の生産性が上がるという効果があります。まず自部署から推進できることを実施していきましょう。

　また、育児期の社員は「子どもの病気で休みがち」というイメージがあるかと思いますが、実は3歳になるまでにほとんど病気はしなくなります。平成29年東京女子医科大学による「保育園児の病欠頻度に関する研究」では、**0歳児の子どもの年間病欠日数は平均19.3日**ですが、1歳児になると一気に12.3日まで下がり、2歳児では8.9日。そして**3歳児では7.0日**となり、以後はゆるやかに低下していきます。

　「この時期に休むことが多いんだな」ということが分かっていれば、対応することができます。そして、体調不良などで急遽休んでしまうのは、育児期社員だけのことではありません。急遽休んでしまう日数は、子どもの有無に関係なく5日前後くらいあるのではないでしょうか。インフルエンザなどの病気や、介護など、様々な理由で社員が休む可能性がある中で、チームで対応できる環境を創ることは、上司が全部被る必要がなくなることにも繋がります。

　育休復帰者が職場に戻ってくる前から、職場のチーム化を行い、生産性向上を行う必要があります。職場のチーム化のポイントは以下にあげていますので参考にしてください。

〈職場のチーム化・生産性向上に必要なポイント〉
- リモートワークの推進
- 担当のチーム制の採用・会議・連絡を18時までに終了する文化の醸成
- 会議のアジェンダとタイムスケジュールをつくり、時間通りに決めて終える仕組み
- 議事録をその場で取り、まとめる時間を別に取らない
- クライアントとの議事録・資料をクラウドのファイルに保存し、誰でも見れるようにする
- 全員のスケジュールを公開する

また周囲への配慮についても、施策を行っている企業があります。

三井住友海上火災保険株式会社は、出産・育児を職場全体で心から祝い、快く受け入れて支える企業風土を醸成するため、**育休職場応援手当（祝い金）を創設**しています[1]。

◆概要

社員が育児休業を取る際に、職場の人数規模等に応じて育児休業取得者本人を除く職場全員に、3,000円〜最大100,000円の一時金「育休職場応援手当（祝い金）」を給付する。

同一職場で複数名が育児休業を取得した場合も、複数名分の一時金を給付する。

（給付の例）[2]

● 13人以下の職場
・女性取得：10万円
・男性取得：3万円

● 41人以上の職場
・女性取得：1万円
・男性取得：3,000円

これは、育休取得者の職場の人に応援手当を渡すというものです。社員が育休に入る場合、その間の手当は雇用保険から支給されるため、**会社に金銭的な負担はありません**。一方で、育休者の周囲の人は、一時的に業務負担が増えることになります。会社としては、育休者の人件費が浮いた分を周囲の社員に還元することとなり、双方にとってメリットが

---

1 三井住友海上火災保険株式会社，2023年3月17日付ニュースリリース「育休職場応援手当（祝い金）の創設」、2021年5月3日付ニュースリリース「男性社員の育児休業1カ月取得推進の取組みについて」

2 「育休取ったら同僚に『応援手当』最大10万円　三井住友海上が4月導入、職場の受け入れ促す」読売新聞オンライン、2023.3.12

高い仕組みです。

　また中小企業の場合は、補助金などが受給できるケースも多いので、周囲への手当だけでなく、臨時の労働者の採用も考えることが可能です。

6　「ステップ3　活躍へのシフト期」　育児期社員×管理職へ向けた研修が効果的

1　ステップ3の企業とは？

　次のステップ3は、大手企業にも多い「活躍へのシフト期」です。

　育児期社員の育休からの復帰率は100％。しかし、育休から復帰すると多くの社員が時短勤務を取得していたり、上司が育児期社員に責任ある仕事を任せられていなかったりして、思うように活躍ができていない状態があるかもしれません。

・起こっている状況

　このステップ3にいる企業は、**女性社員が「活躍できていない」**と感じてしまっていることが多い可能性があります。ある程度制度が整い、両立支援はなされている状態なので、時間短縮勤務を利用しながら働く人が出てきている状況です。

　しかしながら、出産前に比べて、仕事の内容はサポート的な仕事しかできないケースが多く、キャリアアップを考えていた女性社員も、どんなに頑張っても、長時間労働ができないために評価や給与も下がっていき、自信が無くなっていきます。そうなると、「頑張らずに、仕事を続けるだけで良いや」と感じるようになっていってしまう危険性があります。この状況は「マミートラック[3]」とも言われています。

　この場合は、育児期の社員と、管理職両方に対する研修を行い、育児期にはキャリアへの意識を高め、上司には活躍支援行動を高めることが効果的です。

・解決策：上司・部下合同「両立キャリア研修」（マインド／スキルセット研修）

　弊社が企業で実施させていただいている研修は、育児期社員と管理職合同で行います。育児期社員は無意識に抱えている**両立不安の意識の壁を払拭し、行動に繋げていく**ために、講義とワークを通して学んでもらいます。管理職の方には、同じ時間で、ダイバーシティ・DEIの重要性や、**復職前面談で実際に相手の思いを引き出すヒアリングの方法**を座学とワークを通して学んでもらいます。それぞれが学び終わった後、**合同でワーク**を行うという研修です。

図表5-12　上司・部下合同「両立キャリア研修」の概要

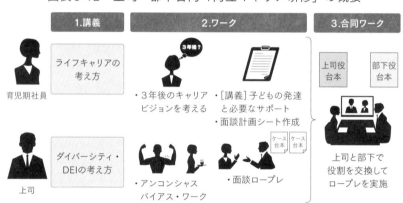

2　研修内容

1．育児期社員への内容

　まず、育児期社員への内容をご説明させてください。

3　マミートラックとは、母親となった女性が産休・育休から復職した際に、自分の意思とは無関係に職務内容や勤務時間が変わったり、その結果社内における出世コースから外れる事象をさす言葉。

1989年にNPOカタリスト初代代表のフェリス・シュワルツが“Management Women and the New Facts of Life”にて、女性の働き方を「キャリア優先」と「キャリア＋家族」に分け、後者を望む女性に育児休業やワークシェアリング等の制度整備を企業に提案。これをジャーナリストが「マミー・トラック」と名づけた。元々は、多様な生き方・働き方の実現にもつながるものとして提案されたキャリアコースだが、補助的業務を割り当てられ、結果的に昇進・昇格から遠くなるという意味で使われることが多い。

〈育児期社員への研修内容〉
● ライフキャリアの考え方（講義）
● 3年後のキャリアビジョン（ワーク）
● 子どもの発達と必要なサポート（講義）
● 面談設計シート作成（ワーク）

　育児期社員に対しては、まずキャリアの描き方についての講義を行います。キャリアとは、長期的に考えるものであり、プライベートで実施している経験もキャリアの一つになっていくことを伝えていきます。

　弊社では、特にL・サニー・ハンセンが提唱している「統合的生涯設計理論」をご紹介しています。「仕事（Labor）」「愛（Love）」「余暇（Leisure）」「学習（Learning）」の4つのLの役割が統合的に繋がっていく事で人生を豊かにしていくという考え方です。

　ここで、育児を経験していることで得たタイムマネジメントスキルや、こどもとのコミュニケーションが、実は仕事にも活きることをお伝えします。そのことで、育児をしながらキャリアを継続することへポジティブに考えていっていただきます。

　次に、「3年後のキャリアビジョン（ワーク）」は、図表5-8のライフキャリアデザイン研修と同様、3年後の理想のライフとキャリアをイラストも混ぜながら描いていただきます。

　現状は、育児と仕事の両立でイッパイイッパイと思ってしまう場合も、3年後まで先を考えてみると、「この時までには、新しいことにチャレンジしたいかも！」や「マネジメントを経験してみたい」とキャリアへのイメージをポジティブに考えられます。また、プライベートの部分も含めて考えていくと、「この時には、子どもが●歳だから少し余裕が出てきているかも」などのイメージが分かりやすくなります。

このようにイメージを膨らませていき、ポジティブに考えていくことが重要です。

しかしながら、膨らませすぎると、前述した「仕事も子育ても全部頑張らないと！」と、両立不安も膨らんでしまう危険性もあります。

そこで、「子どもの発達と必要なサポート（講義）」では、子どもが何歳でどれくらい成長して、親や周囲のサポートがどれくらい必要になるのかという情報と共に、自分やパートナーだけではなく、どのように周囲の人に依頼をしたり外部サポートをしてもらえるかという情報もお伝えしていきます。

そうすることで、**「自分で抱え込まずに、周囲にも頼っていけば実現できそう！」** と前向きに考えられるようになります。

その後、「面談設計シート作成（ワーク）」では、**上司との面談の練習**をしていただきます。以下の内容を、研修で自分自身が考えた内容と照らし合わせて作成し、実際に練習するところまで行います。

　１）自分が長期的にどんなキャリアを描いているのか。
　２）現在、仕事や子育ての両立でどの点が大変なのか。
　３）それを解消する上で、自分自身が行っていること。
　４）上司に理解して欲しいこと・サポートして欲しいこと

こういった手順を踏まないと、２）の大変な点ばかり上司に伝えてしまい、「やる気がない」と上司に捉えられてしまったり、頑張ろうとする気持ちはあるのに、上司からは仕事のアサインをしてもらえなかったり、ということが起こってしまいます。

２．上司への内容
次に、上司への内容をご説明します。

〈上司（管理職）への研修内容〉
● 「ダイバーシティは経営戦略である」というメッセージ
● ダイバーシティ・DEIの考え方（講義）
● アンコンシャスバイアス・ワーク（ワーク）
● 面談ロープレ（ワーク）

　上司に対しては、冒頭のあいさつの際に、可能であればCEOや役員の方から、**自社にとって「ダイバーシティは経営戦略である」**とお伝えいただきます。管理職の皆さんが、自分のミッションとして、行うべきことであることを伝えていくことが重要です。

　次に基礎となる「ダイバーシティ・DEIの考え方（講義）」を行っていきます。第1－第2章でお伝えしたような世の中の流れや、組織へのポジティブな効果についてお伝えしていきます。

　その後、実際の事例を用いながら**「アンコンシャスバイアス・ワーク」**を行い、自分自身が、バイアスで仕事のアサインなどの判断をしていないのかを体感いただきます。

　また具体的に「面談ロープレ（ワーク）」を行い、部下にどのような聴き方をすれば、受け入れられ、部下の状況を知ることができるのか？という具体的なヒアリング方法をお伝えします。図表5-13に示したように、**育児期社員の3つの領域である「仕事」「子ども」「サポート環境」**に対して、現状や困っていることのヒアリングや、キャリアの長期的な展望についてヒアリング方法を実践的に学んでいきます。
　例えば現在、子どもの病気で休みがちな部下がいるとします。現在の困っている事を聴くと、「なかなか周囲のサポートも得られないので、仕事で配慮して欲しい」と言われたとします。しかし、実は半年－1年の間に少しチャレンジングな仕事をしたいと希望していて、そのためにパートナーと調整しているという状況があったとします。「現在」のこ

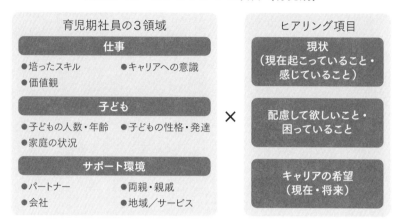

図表5-13　ヒアリングする項目（育児期）

育児期社員の3領域

仕事
- 培ったスキル
- キャリアへの意識
- 価値観

子ども
- 子どもの人数・年齢
- 子どもの性格・発達
- 家庭の状況

サポート環境
- パートナー
- 両親・親戚
- 会社
- 地域／サービス

×

ヒアリング項目

現状
（現在起こっていること・感じていること）

配慮して欲しいこと・困っていること

キャリアの希望
（現在・将来）

とだけを聴いていると、「子どもが小さいので配慮をしないと」と思ってしまいますが、「長期的なキャリア」まで聴くことで、「今は仕事の配慮をしていくけど、半年〜１年後からは少し責任のある仕事を任せてみよう」という見通しを立てることもできます。

またこのように**「仕事」と「プライベート」について、「現在」と「未来」についてヒアリングする方法は、育児期だけではなく、多様な部下の状況を知るためにも有効な方法**なので、ロープレで実践的に学んでいくことが重要です。

再度図表5-12を見てみましょう。最後の「合同ワーク」では、**上司と部下が立場を逆にした「復職後の面談ロープレ」**を行っていただきます。上司には育児期社員になりきった台本。部下には上司になりきった台本を読みながら、面談を進めていきます。育児期社員役の台本は、子どもの夜泣きがひどく寝不足で頭がぼーっとしているという裏設定です。

実際に、育児期社員の役を行った上司は、「なかなか子育てのことで大変なことを上司に言いづらいんだな」や、「上司が配慮してくれてい

る様子が『期待をしていない』ように感じるんだな」などの気づきを得ていきます。

　また上司の役を行った部下は、「こんなに部下のプライベートについてのヒアリングをするのが難しいんだ」や、「歯切れが悪く、育児の大変さを伝えられるだけだと、『やる気がない』ように見えるんだな」と気づきを得ます。そこから、「ぶっちゃけトーク」で意見を交換する場なども設けていきます。

3　研修から得られるもの

　このような場を経ることで、育児期社員は**「自分から上司に対して、仕事への想いやプライベートのことも開示して、ヘルプシーキング（要望を言う）ことをしてみよう！」**と思うようになります。

　また上司は、**「部下への期待を伝えながら、ヒアリングを行うことを心がけよう」**と具体的な行動を意識していくことができます。実際の研修のアンケートでは、**95％以上の参加者**が**「行動に移してみようと思う」**と回答しています。

　実は本研修は、様々な先行研究を元に効果的な内容を弊社独自で設計しています。

　本研修の目的は、図表5-14にあるように「部下のヘルプシーキング（要望）」と「上司の活躍支援行動」を促すことにより、長期的に「部下（育児期社員）の仕事へのモチベーション」を高め、「部下（育児期社員）の昇進意欲の向上」を意図しています[4]。

　本研修にて、部下の育児期社員には**「ヘルプシーキング」**、つまり自

4　Straub（2012）は、FSSB(Family Supportive Supervisor Behavior：管理職の家庭支援的な行動)の影響として「部下の個人レベルでのアウトカム」を挙げている。部下の個人レベルでのアウトカムとは、ウェルビーイング、仕事とキャリア満足、仕事上のパフォーマンス、組織コミットメント、エンゲージメント、リテンションを指す。本研修では、アウトカムとして挙げられているキャリア満足度や高い組織コミットメント、高いエンゲージメントが、長期的に昇進意欲に繋がると仮説を立てて設計を行っている。

図表5-14　上司・部下合同研修の構造

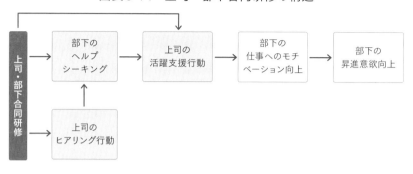

分のキャリアの展望や、上司に支援して欲しいことを言うように設計しています。

　上司には**「活躍支援行動」**、つまり部下に期待を伝えたり、背中を押したりする行動をしようと思えるように設計をしています。

　また上司と部下には、お互いに相互作用を行えるようにもしています。
　実は、「上司の活躍支援行動」を促すためには、「部下のヘルプシーキング」が有効であると言われています[5]。つまり、部下から「自分はもっと頑張りたいです！」と言われたら、上司も「そうか！じゃあ、この仕事頑張ってみるか」と活躍支援行動が促されるということです。

　また、「部下のヘルプシーキング」を促すには、「上司のヒアリング行動」が有効です。つまり、上司から「長期的キャリアについてどう考え

---

[5]　McCarthy（2010）が作成した概念モデルでは、上司がFSSBを行う要因として①管理職のWLB施策の理解②管理職自身のWLB施策の利用経験③［行動に対する態度］管理職によるWLB施策の有用性の理解④［主観的規範］WLB施策利用に関する部下からの要望⑤［知覚的行動制御］管理職自身のWLB施策策定への関与、を挙げている。このような要因が発生した結果、FSSBを行う意図が形成され、FSSBの行動が行われるとされている。
「部下のヘルプシーキング」を「④［主観的規範］WLB施策利用に関する部下からの要望」として捉えて、研修設計を行っている。

ている？」と聴かれたら、部下も「今はイッパイイッパイなのですが、長期的にはこんな風に仕事を頑張りたい」と言いやすいですよね。

　その為、今回の研修では、**上司には「ヒアリング行動」と「活躍支援行動」**を促すような研修を行い、**部下には「ヘルプシーキング」**を促すような研修を行っています。また両者が合同で行うことで、より心理的安全性が高まり、お互いが行動に移しやすい環境をつくっています。このようにしっかり設計を行っているため、行動に移そうという意欲が95％と高くなるのです。

COLUMN

上司の支援行動について

　上司から部下への支援行動は、具体的にどのように行えば良いのでしょうか。上司の支援行動も**「両立支援行動」**[6]**「活躍支援行動」**[7]の2つで整理していきます。

　両立支援行動は、「①個人的な事情への配慮②業務がうまく遂行できるような支援③効率的な業務の仕組み化④メンバー間での情報共有支援⑤業務が偏らないような配慮⑥マネジャー自身がWLBを意識する」などとしています。

　また活躍支援行動は「①業務改善のための建設的なフィードバックを与える②期待を伝える③問題解決の支援をするためのアイディ

6　両立支援行動は、Hammer, Kossek, Yragui, Bodner & Hanson（2009）. を踏まえた4因子（①情緒的支援、②業務支援、③組織全体に対するマネジメント行動を通じた支援、④ロールモデル性）を参考にしています。

7　活躍支援行動は、（武石, 2019）にて利用している「キャリア支援」の4項目（①部下に仕事の中長期的な見通しを示している、②部下のキャリアをよく理解した上で目標を設定し業務を配分している、③部下の将来のキャリアの道筋について話し合っている、④部下一人ひとりの能力や事情を踏まえてアドバイスしている）と、Heslin, Vandewalle & Latham（2006）が開発したコーチング行動尺度（①具体的指導、②ファシリテーション、③励まし）を参考に作成しています。

アを引き出す③成長できていることを確信を持って伝える④上位職
への後押し」などです。

図表5-15　両立支援行動と活躍支援行動

両立支援行動例	活躍支援行動例
1）個人的な事情への配慮 2）業務がうまく遂行できるような支援 3）効率的な業務の仕組み化 4）メンバー間での情報共有支援 5）業務の偏りの配慮 6）マネージャー自身がWLBを意識 　　など	1）業務改善のための建設的なフィードバックを与える 2）期待を伝える 3）問題解決の支援をするためのアイディアを引き出す 4）成長できることを確信をもって伝える 5）上位職への後押し　など

7　ステップ3と4との間の大きな隔たり

　実はステップ3とステップ4との間には大きな隔たりがあります。

　ステップ4からは、具体的に女性が管理職に登用されるような仕組み
にしていく為に、障壁となっている**昇格要件や働き方などの仕組みの変
革**が必要です。

　その為、組織変革の難易度が上がりますが、この変革こそが、公平性
を高め、若手男性も含めて多様な状況の社員が活躍できる環境に生まれ
変わるポイントになります。

　仕組みや意識の面で問題か無いか、以下の項目でチェックをしていき
ましょう。

〈女性が管理職になりづらい構造のチェック項目〉
- ●［制度・体制］昇格要件に育休ペナルティが入っている
- ●［制度・体制］昇格試験へのハードルが高い（休みの日に勉強し

ないと実施できない)
- [制度・体制] 管理職の働き方が長時間労働
- [意識] 評価のバイアスが掛かっている（時短だと低評価になる）
- [意識] 登用のバイアスが掛かっている（上司のみの選抜になってる）
- [意識] 管理職像が画一的（時間制約がない等）で、ロールモデルと思えない
- [意識] 上司からの後押しがされてない

1．昇格要件に育休ペナルティが入っている

　まずは、「昇格要件に育休ペナルティが入っていないか」を確認しましょう。いわゆる「育休ペナルティ」については、第4章でもお伝えした通り「登用要件/復帰後の評価」が大きく影響しています。具体的には**在籍年数に育休期間を含めている**か、直近2年の評価がA以上などの要件があった際に、**育休期間の評価期間は除いているか**どうか、などをチェックしましょう。

2．昇格試験へのハードルが高い

　管理職に昇格する際に、昇格試験がある企業は多く存在します。みなさん「公平に評価を行う制度として、昇格試験を設けています」とおっしゃるのですが、構造的に公平性が保たれていないケースもあります。たとえば、昇格試験の内容が日々の仕事とは別に勉強時間を設けないと受験が難しい内容である場合。平日夜や土日の週末の休みを使って勉強しないといけないため、育児中の社員はそもそも受験が困難になります。先進的な企業は、**育休中でも昇格試験を受けられる**ようにしている企業も増えてきています。こういった昇格試験における公平性を見極めるために、チェックの際は昇格者のジェンダーギャップだけではなく、**昇格試験のエントリー数のジェンダーギャップ**までチェックしてみてください。エントリーの時点でジェンダーギャップが起きてしまっている場合、昇格試験の内容や方法の見直しが必要です。

3．管理職の働き方が長時間労働

　管理職も含めた働き方改革はとても重要です。第3章でも解説した「働き方改革関連法」にて、「管理監督者」にあたる管理職は労働時間の把握は義務化されていますが、**労働時間・残業時間の上限は適用されていません。**その為、企業によっては、一般社員には残業させない代わりに管理職が業務量を負担して対応し、長時間労働になっているケースが多く見受けられます。

　「管理職になると、長時間労働になる」という状況を見てしまうと、若手社員も管理職になる事を躊躇してしまいます。また時間制約がある育児期社員であれば、「この会社でキャリアアップは難しい」と感じてしまうかもしれません。もちろん管理職自身も疲弊してしまっているケースも多くあるので、「管理職も含めた働き方改革」を行っていくことが重要です。

　まずは、会議の回数（頻度）・時間・人数（参加者）を、それぞれ「1／2」にして、「会議を18時までに終わらせる」設定にするだけで大幅に業務や時間が削減できます。業務の見直しの前に、会議の見直しをするだけで絶大な効果があります。しかしながら会議は、すぐに増えていくもの。3か月〜半年に1回程度、見直しをしていきましょう。

図表5-16　会議の見直し方法

- ●回数：頻度を隔週などにして削減。
- ●時間：資料やアジェンダの事前配布で効率的に実施し、時間内に終える。
- ●人数：必要な人のみ参加とし、議事録を見れば分かるようにする。
- ※回数・時間・人数共に多くなったら定期的に削減。

４．評価登用のバイアスがかかっている

　「登用は誰が行っているのか」「評価にバイアスがかかっていないか」にも注目しましょう。第4章で「シグナリング仮説」についてお伝えしましたが、直属の上司のみで主観的に行っているのか、人事が客観的な指標を持って評価しているのか、その判断軸にバイアスが存在していないかどうかを確認します。仕組みとしては、**評価者を複数名にする、評価や登用のバイアスチェックを行う、登用のリストアップに多様性を加える、KPIをつくる**などが有効です。

５．管理職像が画一的でロールモデルと思えない

　ステップ1のコラム「ロールモデルが『スーパーウーマン』に見えると、両立不安は高まる」でも紹介したように、管理職になっている方が「スーパーマン/スーパーウーマン」に見えるような方ばかりだと、自分にはなれない等と感じる人が多くいます。時間制約があるような育児・介護を行っている方も管理職になっていたり、支配型のリーダーシップではなく、多様なリーダーシップを取っている方が管理職になっていたりするなど、**多様な管理職像を見ることで、より身近に感じるようになります。**

６．上司からの後押しがされてない

　上司が無意識的であっても女性社員を育成対象と見ていない場合、上司から具体的に期待を伝えられたり、上位職に上がることについて背中を押されたりするなどの**「活躍支援行動」が、男性に比べて女性の方が少ない**ことがあります。また、登用時に上司からの働きかけを受けた女性管理職ほど、管理職として働き続けたいと答えている調査もあります[8]。管理職がアンコンシャス・バイアスを払拭し、背中を押す意識を持っていく事が重要です。

8　パーソル総合研究所（2022）では、「管理職として今後も働き続けたいか」を女性課長に聞いたところ、登用時に働きかけを受けた人では、そうでない人と比べて、管理職として働き続けたい割合が1.7倍高くなったという結果が出ている。

8 「ステップ4　キャリアアップ期」 女性管理職比率向上のための4つのポイントを押さえる

「ステップ4 キャリアアップ期」の企業は、いわゆる「女性の課長相当職以上がなかなか増えない状況」です。

・起こっている状況

ステップ4の企業では、**女性社員が「管理職になる自信がない/魅力を感じていない/イメージが湧かない」**と感じてしまっている人が多い可能性があります。

そもそも、管理職に女性社員がほとんどいない。またはいたとしても、育児などで時間制限がある人ではないなど、限られた属性の管理職しかいないといった状況があるかもしれません。それだけではなく、管理職になると今まで担当していた仕事にマネジメント業務が加わり、長時間労働や土日の勤務などが増えることで、物理的な難しさを感じている場合もあります。 また昇格要件が育児期や女性には不利に働いており、実際に声が掛からない状況があるかもしれません。

■1■ 女性管理職比率向上のための4つのポイント

キャリアアップ期では、女性の管理職登用を推し進めることが必要です。このステップでは、以下のポイントを押さえながら推進していきましょう。

〈女性管理職比率向上のための4つのポイント〉
①女性管理職に対してのKPIを設定
✓●年までに管理職比率を●%にする
✓管理職登用の内、●%を女性にする

②女性管理職の現状を定量と定性で調査
✓現状を白書として発行、又は社内報で拡散する。

③管理職候補の女性向けの「リーダーシッププログラム」を行う
- ✓ 管理職任用前、候補者の女性のキャリア意識向上のためのプログラムを行う
- ✓ 女性管理職同士のネットワークを構築し、その後も継続できるように支援する
- ✓ 社内のメインプログラムとして社内外で成果を広報する

④管理職への「マネジメント研修」を行う
- ✓ マネジメント力向上施策として、全管理職に対して行う
- ✓ Eラーニングではなく、実践型の研修を実施する

1．女性管理職に対してのKPIを設定

「●年までに女性管理職比率を●％にする」「管理職登用の内、●％を女性にする」など、経営戦略に沿った目標を掲げていきましょう。経営としてこの課題にコミットしていることを社内外に明確に示していきます。

2．女性管理職の現状を定量と定性で調査

現状の女性活躍の状況を白書として発行、又は社内報で拡散していきましょう。

「なぜ自社は女性管理職が増えないのか？」という課題の原因は、定量と定性できちんと調査をすることが大切です。現在のジェンダーギャップを見える化することで、なぜ最初に女性活躍に特化して実施をするのかの納得感が得られます。

ジェンダーギャップが特に大きく出るスコアは、「経験の付与」「上司の支援」「管理職意欲」の主に3つです。

経験の付与：昇進に必要とされる部署への配属・異動
上司の支援：上位職への後押し支援やネットワーク形成
管理職意欲：管理職になることへの意欲

第5章　女性活躍推進3つの視点と7つのポイント：現場・人事編

このジェンダーギャップを示した上で、解消に向けたアクションを実践していくというプロセスは非常に重要です。女性に特化した研修を行おうとすると、周囲から「どうして女性にだけ下駄を履かせて持ち上げるのか」「性別関係なく実力で評価するべき」という声が出てくることがあります。また女性社員からも「女性社員だけで集められることが違和感」といった声が挙がってくることがあります。

　もちろん、その違和感は間違っていないと思います。しかしながら、なぜまず女性に特化して行うのか。それは現状、**「"女性"というだけで、管理職に登用されにくい状況がある」**からです。そのことを客観的な定量的データと定性的なデータで示すことが重要なのです。

　ジェンダーギャップを示した上でそれらを解消していくことが、**「女性を特別視しているのではなく、性別に関係なく、誰もが活躍するために必要なアクションである」**ということが効果的に伝わります。

3．管理職候補の女性向けの「リーダーシッププログラム」を行う

　管理職に対しての意欲が低く、自信がない候補者が多い場合、**キャリア意識を向上し、自信をつけるリーダーシッププログラムが有効**です。また社内で女性管理職が少数派の場合は、ネットワークを構築して、自ら課題を解決する土台を作っていきます。またこの取り組みを行っている事を社内外に広報する事で、社内で「進めていること/本気であること」が伝わっていきます。具体的な内容は、 **2** でお伝えしていきます。

4．管理職への「マネジメント研修」を行う

　管理職がアンコンシャス・バイアスを持っている場合、女性社員が頑張っても登用されることは難しい場合があります。また管理職自身も、今まで自分がされてきた育成方法と現在求められている方法が異なっていることや、自分とは違う属性の部下が増えてきたことで、マネジメン

ト方法に悩んでいる事も多くあります。

　全体のマネジメント力向上の施策として、**「マネジメント研修」を全管理職に対して実施する**ことをお勧めします。このマネジメント研修の中に、自身のアンコンシャス・バイアスに気づく仕掛けを入れることも重要です。方法としては、Eラーニングではなく実践型研修をお勧めします。具体的な内容は **3** でお伝えしていきます。

2 女性管理職を増やす近道は、リーダーシップ研修×ネットワーク構築

　次に〈女性管理職比率向上のための４つのポイント〉の「**3．管理職候補の女性向けの「リーダーシッププログラム」を行う**」についてご説明していきます。

　女性管理職比率向上に向けた方法としては、管理職候補の女性社員向けに**「リーダーシップ研修」**を行うことが有効です。　しかし女性管理職比率向上のためには、もうひとつ大切な要素があります。それが、**「ネットワーク構築」**です。１人だけ女性の管理職が登用されると、目立ってしまったり、気軽に相談できる仲間がいなかったりすることから悩みが解消できず、降りてしまうという危険性があります。誰か特定の人の管理職意識を向上させるのではなく、ネットワークを構築させながら登用を行うことで、管理職になった後も課題を自律的に解決できるような土台ができあがります。

　ここからは、**リーダーシップ研修とネットワーク構築を掛け合わせた、長期間の「リーダーシッププログラム」**の具体的な概要をご紹介します。

図表5-17　女性管理職任用前リーダーシッププログラム概要

図表5-17で示しているように、このプログラムは管理職任用前の女性社員に対して、リーダーシップ研修を実施。同じ境遇の社員同士でネットワークを構築しながら、上司のマネジメント研修を実施するプログラムです。上司に向けての**マネジメント研修**は　**3**　で解説します。

1．女性社員への研修内容

管理職候補の女性社員向けに行う「リーダーシッププログラム」は、5日間の長期的に行うことが多いです。

〈女性社員への研修内容〉
- 研修①：【Lead myself】自分のキャリアを考える（キャリアデザイン）
- 研修②：【Lead people】自己のリーダーシップを考える（リーダーシップについて）
- 研修③：【Lead society】組織について考える（課題解決）
- 研修④：プレゼンテーション
- 研修⑤：振り返り会
  ※①〜④は各月実施。⑤は、④より半年後程度に設定。

　1 日目のテーマは【Lead myself】。自分自身の人生をリードしていくという意味で、プライベートも含めたキャリアを考えていきます。また自身の強みを理解するワークを行うことで、今まで自分が経験していきたことや強みを知り、自信をつけていきます。

　2 日目のテーマは【Lead people】。リーダーシップという影響力について学んでいきます。第 4 章のコラムでもご紹介したように、リーダーシップの方法が変化していることや、自分らしいリーダーシップを取っていって良いことを伝えていきます。その上で、自分自身が既に実施しているリーダーシップ行動を振り返っていきます。

　また場合によっては、このタイミングで**ラウンドテーブル**という形で、部長層以上の女性社員の方に来ていただき、密に話をする時間を設けていきます。そこでざっくばらんにお話しをいただきながら、自分自身が管理職になった時のイメージを少しずつつけていきます。その後、自分の理想のリーダーシップの在り方を考えていく時間を取っていきます。このことで、今まで「管理職のイメージ」と「自分のイメージ」が乖離していたものを、近づけていきます。

　3 日目のテーマは、【Lead society】。いよいよ、組織について考えていきます。これまでは個人を深堀していきましたが、ここでは 3 – 4 名のチームになり、組織や会社の課題を洗い出して分析していく活動を行っていきます。また、**「多様な人材が、リーダーシップが取れる環境」を実現する**ための解決策を考えていきます。

　4 日目は、役員や上司に向けてのプレゼンテーション会です。3 日目に考えたものを、各チームで何度も話し合い、ブラッシュアップしていったものを、提案していきます。ここでプレゼンを行うまでに悩みながら共に考えていく過程で、同期の関係性が強くなり、**ネットワーク構築**が可能になります。また役員や上司にプレゼンをするという、ストレッチ課題を実施することが、一歩成長する為の経験に繋がります。

第 5 章　女性活躍推進 3 つの視点と 7 つのポイント：現場・人事編

5日目は、「振り返り会」ということで、半年後に自分自身の意識や行動がどのように変化しているのか。継続しているアクションがあるかなど、共有していきます。4日目から半年程度後に設定して振り返るため、この頃には既に登用がされている参加者もいる場合があります。日々の仕事に追われていると、研修の時に考えていたことや気づきを忘れがちになってしまいます。研修の4日間で得た気づきや、行動を継続していく為にも、振り返りの会は大変重要な会です。

　こちらは、女性の特性を意識した上で設計している内容ですが、「自分らしいリーダーシップ」を深めていきたいと考える男性にも有効です。最初の3年間は女性に限定して行っていった上で、その後は**性別関係なく「管理職のプール人材」に対して行うケース**も増えてきています。

　ただ注意していただきたいのが、ジェンダーギャップが大きく、女性の管理職比率がとても低い場合、最初から「性別関係なく」実行すると、結局女性側の課題に寄り添って解消することができず、効果が薄れることが多くあります。まずは、何がジェンダーギャップを生んでいるのかを理解する為にも、**3年程度は女性に特化して行う**ことをお勧めします。

2．社内に女性社員のロールモデルがいない場合

　リーダーシッププログラムでは、「ネットワーク構築」の観点から、ヨコ・ナナメの関係性も強化できるような設計にしています。

> ヨコ：プログラムに一緒に参加した同期
> ナナメ：社内/社外メンター

　「ヨコ」の関係性である**同期**は、課題感の共有や多様な意見を知る機会、共に課題を乗り越える機会を共有することで、「悩んでいるのは一人ではない」と思える効果があります。また同期と共にプログラムに参

加することで、他者からの目線を知り、自分自身の固定観念の払拭や強みの理解にも繋がります。同期との共通の体験を通して、その後も長く付き合えたり相談しあえる関係になることができます。

「ナナメ」の関係性である**社内/社外メンター**は、リーダーシッププログラムの期間中に、参加している女性社員と３回程度のメンタリングを実施することをお勧めしています。

所属部署内に課長職以上の女性社員が少ない場合、自身のキャリア構築の選択肢を知る機会がなかなかありません。「この会社の中で、自分はどういう仕事をすれば、上に上がっていけるのか分からない」と悩む女性社員は多くいます。社内のメンターの存在は、こういった悩みに対する解決策を知るひとつの機会になり得ます。

しかしながら、「社内に女性管理職がいないため、メンターが用意できない」とお悩みの方もいるかもしれません。
この場合、**２つ職位が上（参加者が一般社員である場合は部長層）の男性の方**でも構いませんが、女性管理職としての悩みを聴いてほしいという場合は、弊社のような会社に依頼するなどして、**社外のメンター**と繋がることもおすすめです。

社内ではなかなか聞きづらい悩みや、社外から見て自社や自分の価値はどのようなところにあるのか、客観的な視点で教えてもらえる良い機会になります。

弊社で実施している社外メンターとのメンタリングでは、悩みとして多く相談されるのが**「管理職の仕事と、育児などのプライベートの両立」**についての相談です。社内でなかなか相談できないプライベートの点について解消でき、不安が少しずつ軽減したと言います。また、社外で学べる研修や本についての情報提供も多く貰っているケースがありま

す。社内にいると、社外に目を向けることが少ないですが、様々な勉強のサービスやネットワーク構築の方法があることを社外メンターから伝えられ、行動が促進されたという話もよく聴きます。

社内でも社外でも、メンターの存在は、視野を広げたり、新しい情報や価値観を得られたりする機会になります。忙しい中、メンタリングの時間を設けることが難しいと考えられる方もいると思いますが、実践してみると大変満足度の高い仕組みです。

3　上司も多様なマネジメントのあり方に悩んでいる

〈女性管理職比率向上のための４つのポイント〉の「**4．管理職への「マネジメント研修」を行う**」についてご説明していきます。

女性社員向けのリーダーシッププログラムでは、上司への研修も以下のようにセットで行っていきます。上司に対しては、**女性社員向けのプログラムが実施される前と、実施中**に行っていきます。

● リーダーシッププログラム実施前：**オリエンテーション**
● リーダーシッププログラム実施中：**マネジメント研修**

プログラム実施前に上司に行う「オリエンテーション」では、背中の押し方についてお伝えしていきます。

よくある例としては、女性社員側が、「研修に行けと言われたが、特に期待も伝えられておらず、なぜ受けているのか分かりません」と不安に感じる場合があります。「研修にアサインする＝期待をしている」というつもりで上司は送り出してくれているつもりかとは思いますが、なかなか部下に伝わっていないことが多いです。

また、**研修転移**[9]という考え方があるのですが、研修を行った後に行動変容が起こるためには、研修中だけではなく、事前事後の関わりも重

要であると言われています。**研修転移の為に重要な点として、「事前に、上司が研修の意図と期待を伝えること」が挙げられています。**その為、女性社員向けのリーダーシッププログラムでは、必ず事前に上司向けにオリエンテーションを行い、部下に期待を伝えて背中を押す方法をお伝えしていきます。

　研修実施中の**「マネジメント研修」**は、個別マネジメントの必要性の理解と、部下に対する支援方法を具体的に学んでいく内容です。
　「聴く→理解する→活かす」の流れで実践していきますが、どのようにヒアリングを行い、理解をした上で、部下の背中を押すのか。具体的な手法を学びながら事実に基づいて相手が納得できるような伝え方を「面談ロープレ」などを行いながら学んでいきます。

　面談ロープレでは、「女性社員に対して背中を押す方法」だけではなく、「若手社員との面談方法」や「育児期社員との面談方法」など、マネジメントで課題になりそうな事例を用いて実践をしていきます。

　女性活躍支援というと女性社員に対する取り組みに意識がいきがちですが、「上司への支援」は、これまでもお伝えしてきた通り大変重要なカギを握ります。
　上司にあたる年代の方達は、自身が個別マネジメントをされてこなかったので、「プライベートの話なんて聞いてはいけないと思っていた。どんな風にヒアリングすればいいのか分からない」など、どのように接していいか悩んでいる人は多くいます。管理職という立場上、経営陣と部下の板挟みになって悩みを吐露できずに抱えてしまいがちな人も多いため、受講した人からは**「マネジメントの悩みをここで吐き出せて**

9　中原（2014）によると、研修転移とは「研修で学んだことが、仕事の現場で一般化され役立てられ、かつその効果が持続されていること」と述べられている。また、中原, 島村, 鈴木, 関根（2018）によると、「研修『前』に職場マネジャーは受講生と「会話」（Huzzynshi & Levis 1980）をし、『研修参加理由の明確化』（Lyso, Mjoen & Levin 2011）を行うことが必要です」と述べられている。

嬉しかったです！」という感想をとても多くいただくほどです。

　上司向けのマネジメント研修の必要性をしっかりと理解した上で、効果的に取り入れていただければと思います。

「アンコンシャス・バイアス研修」の必要性

　ここで、管理職への「アンコンシャス・バイアス研修」の必要性についてご説明していきます。

　アンコンシャス・バイアスとは、「無意識の思い込み（偏見）」という意味です。「ある特定の人や集団、対象などに対し、十分な根拠なしに持つ『偏った判断や偏見』」を指します。誰もが過去の経験などから潜在的に持っているもので、無意識かつ自動的に判断を下している状態にあるため、自分でも、そうした思い込みに気づいていない場合が少なくありません。

　バイアスには、様々な種類があります。

　例えば、何か問題が発生した際に、今「正常の範囲内だろう」と被害の可能性を最小化して認識するような**正常性バイアス**と呼ばれるもの。また「●●さんは、几帳面だ」等、一度印象が確定してしまうと、その枠組みから抜け出せずに他の情報が入ってこない**確証バイアス**。他にも、集団の中にいることで、皆と同じ行動を取るのが安全だと考え、周囲に合わせてしまう**同調性バイアス**などがあります。

　誰しもがバイアスを持っており、バイアスがあるからこそ判断が早くなるという側面があります。しかしながら、バイアスがあった上で人材育成を行ってしまうと、せっかく活躍できる人材を埋もれさせてしまう危険性があるのです。

　具体的によくある例としては、「育児期社員／女性社員に対しての過剰な配慮」です。能力がある社員であっても、「育児中の人にここまでの仕事をさせては申し訳ない」などの過剰な配慮があると、いつまでも責任のある仕事を行うことができずに育成が促されないことにもなります。

　例えば、以下の様な状況があった場合、皆さんはどちらに仕事を依頼しますか？

図表5-18　アンコンシャス・バイアス研修の例

> 1週間後に部下に出張をしてもらうことになりました。
> **期間は1泊2日**で、2人の**業務知識やスキルは同等**です。
> どちらの方に出張をお願いしますか？

Aさん　子ども：0歳、3歳
　　　　パートナー：産休中

Bさん　子ども：2歳、4歳
　　　　共働き

　いかがでしょうか。このような振りをした上でも、「Aさんに依頼します。」という管理職の方は実際多くいます。実はこの問題の正解は**「聴いてみないと分からない。」**です。

　Bさんが育児中であることを配慮してくれた管理職の方は、とても優しい反面、決めつけてしまっていることに気づいてください。属性だけを見るのではなく、2人ともにヒアリングすることを意識してください。

　ヒアリングする項目は、まずは**「子ども」「サポート環境」**です。実際に出張をすることになった時に、育児をサポートしてくれる人がいるのかを確認します。

　実際にヒアリングしてみると、Bさんは「夫が子どもを見るの

で、1泊の出張であれば問題なく行くことができます」という状況かもしれません。

　逆にAさんは、「妻が出産したばかりの為、3歳の上の子のお世話は自分が行わなければいけないので、今は出張を避けたいです」というように、難しい状況があるかもしれません。

　また図表5-13で示したように、仕事の状況だけではなく、プライベートの状況も聴きながら、**キャリアの展望**も合わせて聴いてみると良いかもしれません。例えば、Bさんは「少し子どもの状況も落ち着いてきたので、キャリアアップに向けて経験を積んでいきたいです」等のキャリアに対しての意識も聴くことができるかもしれません。

　このように、バイアスを無くすことは難しいですが、**自分に「バイアスがある」ことを認識**した上で、判断を急がないことが重要です。相手の状況をヒアリングして、情報をしっかりと得た上で、部下とすり合わせて、相談しながら決定をしていきましょう。

　このようにバイアスについて意識してヒアリングすることで、様々な経験を付与することができます。またこの経験の付与が、管理職になる為に必要な実力がつくことにも繋がるのです。
　アンコンシャス・バイアス研修では、具体的な育成をする時に起こりやすいバイアスの払拭を行うことが重要なのです。

9 「ステップ5　エグゼクティブ育成期」 経営視点×人脈構築がポイント

1　エグゼクティブ育成期の企業とは

　さて、次はいよいよ「ステップ5　エグゼクティブ育成期」についてです。

　このステップにいる企業は、「部長職以上の女性社員が増えない」という状況です。部長クラス以上の育成は、自社の後継者育成計画（「サクセッションプラン」といいます）と合わせて取り組んでいきます。

・起こっている状況

　課長層の女性比率は、全体の女性比率と同等になっている一方、部長職以上の女性が増えない状況がある可能性が高いです。

　部長層以上の登用は、誰でもなれるものではないので、もちろん「女性だから登用しよう」とはならないと思います。しかしながら、現状として**部長層以上の登用リストに女性が上がっていない状況**や、**部長になる上での育成が女性にだけ与えられていない状況**があった場合、それを解消する為の仕組みが必要です。

　日本企業でのサクセッションプランは多くの場合、役員が対象者（次期経営陣ポスト）を指名します。つまり、役員との関係性が近い人が対象者としてリストアップされるという状況が生まれる可能性が高いです。

　第4章で、「人間には同質性・ホモフィリーなどと呼ばれる性質があり、自分と似た状況にある人と一緒に過ごそうとする。そのため、**マイノリティである女性は昇進に必要な人脈や情報が得られにくい状況にある**」というお話をしました。これはサクセッションプランにおいても同様で、上記の理由から女性は男性と比べて役員と人脈を構築する機会が限られている現状があります。性別に関係なく公平な登用を行うためにも、意図的に**女性社員に対しての役員のスポンサー**を作り、引き上げる仕組みを作っていくことがポイントです。

・解決策：「経営視点の研修」と「スポンサーシップ制度」で個別育成を行う

　上記を踏まえた上で、部長層から役員の女性管理職パイプラインを構築するために押さえるべきポイントは、2つ。**「経営視点」**と、**「人脈構**

築スキル」です。

　まずは、「経営視点」についてご説明していきます。

　部長層以上では、選抜人事になります。そのため、定められた年数働き続けていたり、一定以上のスキルがあったりすれば上がれるというものではなく、次期経営者の卵として、経営視点を培うための育成を個別に行っていく必要があります。企業の課題解決に取り組んでいくためには、多角的な視点が必要です。問題解決に必要な３つの視点として、以下の表現をされることがよくあります。

> 鳥の目：全体を俯瞰して見る（経営戦略、外部環境、他部署の状
> 　　　　況、ステークホルダー等）
> 虫の目：現場の状況を複眼的に把握する
> 魚の目：世の中の流れやトレンドを掴む

　この例えを用いると、女性は**「虫の目」**で見る傾向が強いそうです。虫の目を持った人は、実際の現場をよく観察して、現実を認識した上で、目の前の問題解決に取り組もうとします。そのため、個別のマネジメントにとても向いています。ただ、「経営視点」で企業の課題解決に挑むためには、全体を俯瞰してみる**「鳥の目」**が重要になります。

　他部署の状況や顧客との関係性を分析したり、経営戦略と紐付けて、「なぜこれが自社にとっての課題なのか」を考えていく思考法を鍛えていくことが必要なのです。

　これは、性別関係なく学びながら身に着けていくことが重要です。しかしながら、部署異動の傾向として**「海外経験」「新規事業開発」**などの、変革に参加した経験は、第４章でもお伝えした通り、男性に偏りがちです。このような経験をしている場合、自然と会社の経営方針や価値創造の経験を現場で学びながら身に着けていくことができます。

　そういった意味で、女性の方が経験値として不足している部分が多いため、**追加でプログラムを提供しながら「鍛えていく」必要**があるのです。

　先ほど、女性は「虫の目」で考える傾向が多いとお伝えしましたが、これは弱みではなく強みだと私は思っています。なぜなら、机上の空論ではなく、自分の目で現場を把握した上で分析した企業課題を、企業価値に変えていくという思考プロセスができるからです、このような思考プロセスで提案されたものは、実現性も高く、もしかしたら地味に見える内容もあるかもしれませんが、確実に効果を出せる内容を考えられると思います。その為、女性に部長視座をつけるための研修は、**「虫の目」で見つけた課題を、どう企業価値に変えていくのか？を考えられる設計**にすると学びが深まります。

　次に、部長層から役員のパイプライン構築に必要な**「人脈構築スキル」**についてご説明します。

　『J．P．コッター　ビジネス・リーダー論』[10]によると、ゼネラルマネジャー（事業統括責任者）の職務として以下の３つを挙げています。

　１．アジェンダ設定（agenda setteing）…ビジョン・目標の設定
　２．ネットワーク構築（network building）…組織内外の人とネットワークを構築する
　３．実行（executing getting networks to implement agendas）…ネットワーク内の人にアジェンダを実行してもらう

　まず、ビジョンや目標という**アジェンダを設定**し、企業の課題解決のために必要な人と、組織内外問わず**ネットワークを構築**し、必要に応じてチームを組織化しながら、**組織構造自体を変容**させるスキルが求められます。

10　コッター（2009）では、仕事をうまく進行しているゼネラル・マネジャー15名に密着調査（観察、インタビュー、質問票調査）し、ゼネラル・マネジャーの職務、人間像、行動様式などについて研究を行った。

部長職以上になると、企業の「価値創造」や「新規事業開発」などのミッションが与えられるケースが増えてきます。その際には、自分自身や自分の部署だけでは達成できない課題があるため、他部署・他事業との協働が重要になるのです。

　男性の管理職が多い企業では、自分が部長職に上がる際には、新卒から仕事もプライベートも仲良くしてきた同期が、様々な部署で重要な役職に就いているケースがあります。そうすると、「ちょっと、今後こんな新規事業を実施しようと思っているから、手を貸してよ！」と一言メッセージをすれば協働できるようになります。

　一方、女性は歴史的に見てもハードルが高い状況があります。現在部長職になる方は、企業によって異なりますが「45歳以上」が多いと考えます。そうすると入社は2002年以前。就職氷河期で就職率自体も低く、またこの時期、女性の採用は一般職採用が多く、総合職での女性社員の採用数はあまり多くない時期でした。会社の中で女性管理職が少ない状況であれば、部長職になるタイミングには、自分の親しくしていた同性の同期はいつの間にかいなくなっており、同期の男性はあまり交流もなくなってしまっている。そんな状況がリアルでは考えられます。

　その為、ネットワーク構築を意識的に行っていくことが重要です。**社外の研修に参加**したり、**社内外でメンターを設定**するなどして、積極的に社外との繋がりをサポートしましょう。また社内で**スポンサーシップ**などの制度を導入していくことが有効です。スポンサーシップについては、研修の内容と合わせてご説明していきます。

2　課長職向け部長視座研修のプログラム例

　女性社員が部長職以上の目線を持っていく為の**「部長視座研修」**のプログラムをご紹介します。

　次の図表5-19のように、経営視点を学びながら、スポンサーシップを実施できるプログラムです。

図表5-19 課長職向け部長視座研修プログラム

	1ヶ月目	2ヶ月目	3ヶ月目	4ヶ月目	5ヶ月目
女性管理職（課長相当職）	研修①リーダーシップ行動について	研修②経営視点の考え方	研修③課題解決ワーク	研修④グループコーチング	研修⑤プレゼンテーション・グループでの発表・個人のネクストステップの発信
スポンサー	オリエンテーション・スポンサーの役割・面談方法	スポンサーシッププログラム			〈スポンサー〉・プレゼンへの総評

プログラム構成は、女性の状況を理解した上で設計していくと、より効果が高いと考えています。通常、「部長以上の視座をつけるための研修」を行う場合、株価などの読み解き方や、外部環境捉えた上で、「新規事業開発」の提案を行うという流れが多いと思います。

もちろん、株価などの読み解き方や、外部環境は凄く重要なので、必ず行っていきます。しかしながら、数字の情報を見た上で、フレームワークで分析し、夢の様な事業を提案するだけではなく、**「虫の目」で見つけた課題を、どう企業価値に変えていくのか?**を考えられるような設計にすることを意識しています。

〈女性社員への研修内容〉
● 研修①：CEOからのメッセージ、次のステージで求められる能力について、リーダーシップ行動について
● 研修②：経営視点の考え方
● 研修③：課題解決ワーク
● 研修④：グループコーチング
● 研修⑤：プレゼンテーション

1日目は、冒頭に**CEO**からのメッセージや次のステージで求められ

る能力について説明いただき、これからは「経営視座」を持って行動することへの期待を伝えていきます。

研修内容のテーマは【リーダーシップ行動】。前述したリーダーシッププログラムと同様、自分自身が既に実施しているリーダーシップ行動を振り返ります。また現状の組織やマネジメントについての課題感を出した上で、どのようなリーダーシップを鍛えていけば良いのかを考えていきます。

2日目は、【経営視点の考え方】として、会社の経営戦略やそれの元になっている指標。また外部環境や内部環境の分析方法のフレームワーク（PEST、4C、SWOTなど）等の基礎的なレクチャーを行います。その上で、「現場視点から企業価値創造」をしていった他社や自社の経営者の事例などの紹介しながら、今の仕事から更に目線を上げて、どのように企業価値向上に繋げるのかを具体的に学んでいきます。

3日目は、【課題解決ワーク】。グループに分け、それぞれ現場から見えてきた課題の分析を行っていきます。その課題の解決が、経営アジェンダのどこに繋がるのかを考え、解決策の議論をしていきます。今回のプログラムでは、提案だけではなく、実証実験などを行った上での提案としていくので、プレゼンまでの間にアクションを行います。

4日目の【グループコーチング】は、実証実験の進捗や役員プレゼンの方法などを、グループメンターからアドバイスをいただく時間を設けています。グループメンターは、社内の上位職層でも構いませんし、社外で部長や役員経験がある女性や、経営企画、新規事業開発などに携わった女性の方に依頼し、メンターを行っていただく形も可能です。

5日目には、【プレゼンテーション】という形で、CEOや役員へのプレゼンを行い、良い提案については企業内での実践を検討していただき

ます。

　このように、実際に部長層になったら実践するような経験をプログラム内で経験することで、部長層以上になる上での視座を上げていく取り組みを行います。

　また、このプログラムと同時並行で、**「スポンサーシップ制度」も実施**していきます。スポンサーシップ制度とは、役員がスポンサーになって、女性管理職（課長職層）と 1 on 1 をするプログラムです。スポンサーシップとは、単に助言や指導を与えるだけではなく、企業内での昇進をサポートしたり、社内のキーパーソンを紹介したり、ストレッチ・アサインメントを通じて戦略的に社員が成長できるよう支援することです。

　スポンサーがいる人はいない人に比べて11.6％高い報酬を得ているという調査結果もあります[11]。女性は最もスポンサーが必要な昇格候補となる時期に、自力でスポンサー（男性経営層）を見つけることができにくいため、意図的にスポンサーを設定することが有効です[12]。

　スポンサーの役割は二つ。一つは、**女性管理職のキャリア支援**です。今はどういう仕事をしていて、今後についてはどう考えているのかなど、面談を通して直属の上司とは話しにくい内容もフラットに話をします。また必要に応じて、人脈構築の支援も行います（図表5-20参照）。もう一つは、**登用に向けた社内広報**です。先ほどもお伝えしたように、女性管理職は、役員からその存在を知られていない為に、対象者として引き上げられないという課題があります。

　スポンサーである役員は、女性社員とメンタリングをする中で見えて

11　Payscale（2019）は、2018年12月−2019年 5 月にかけてPayscaleの給与調査の回答者98,000人以上を対象に、組織内に自分のスポンサーがいるか等のアンケート調査を行った。スポンサーがいる人は、そうでない人よりも11.6％報酬を多く支払われており、男性の場合は12.3％、女性は10.2％だった。

12　Ibarra, Carter & Silva（2010）では、女性昇進においてメンターでは効果が低く、スポンサーが有効であると述べられている。

きた強みや特徴を他の経営層に伝えることで、登用の候補者の1人として情報を議題の上に上げることができる。このことは、「えこひいき」をすることではなく、接点がなくて人柄が分からず、登用のリストにも上がらないことを防ぐ、公平性の施策であることを理解しましょう。

図表5-20　女性社員へのスポンサーシップ制度

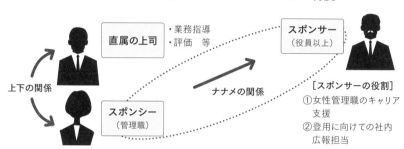

3　経営と連動した取り組みの必要性

　部長職以上への登用は、特に経営と強く結びつきます。

　経営陣の中で、経営戦略・人材戦略として「女性活躍・ダイバーシティ」について対話をする場を創っていくことが重要になります。以下の3つの具体的な取り組み例を挙げながら説明します。

①ジェンダーギャップ測定
②女性版人財委員会
③取締役会での定期的な議論

　まずは、**①ジェンダーギャップ測定**です。

　定量的・定性的に現状を把握する重要性はこれまでにもお伝えしてきた通りですが、「管理職比率」というKPIだけではなく、**社員側が意識・経験・支援における取り組みの変化を実感しているのかどうか測定**する必要があります。

　ステップ4の、「女性管理職比率向上のための4つのポイント」でも

ご紹介しましたが、ジェンダーギャップが起こりやすいポイントとして
「経験の付与」「上司の支援」「管理職意欲」が挙げられます。これらの
数値の変化も含めて定点観測を行っていくと有効です。登用数が上がら
なくても、その裏側にある行動に変化が出てきていれば、少しずつ結果
が上がっていくことが期待されます。経営陣とは、客観的な数値も見せ
ながら、対話を行っていきましょう。

　次は、**②女性版人財委員会**の設置です。通常、「人財委員会」という
ものを設けている場合、次期後継者候補をリストアップする会を実施し
ていると思います。それに対して、「女性版人財委員会」を期間限定で
も良いので設置することが効果的です。

　これは女性候補者リストに厚みを持たせることを目的としています。
「女性の候補者のリストを挙げる」行為を行っていくことで、委員の構
成メンバーが、「あまり女性社員と出会う機会が無い」ことに気付いた
り、意識的に候補者に多様性を取り入れようと考え始めるようになりま
す。このような過程を経ることで、女性を登用していこうとする意識が
浸透してきます。
　実際に**味の素株式会社**では、3年ほど継続して行い、現在では自然と
候補者に多様性が出てくるようになったということで、通常の「人財委
員会」のみの運用としているとのことです。

　最後は、**③取締役会での定期的な議論**です。
　取締役会の中で女性活躍・ダイバーシティについて話し合う時間を設
け、人材戦略としてどのように位置づけていくのかを定期的に議論しま
しょう。ポイントは、その時間を報告をする場ではなく**議論をする場**と
して設けることです。主観や経験則から話すのではなく、人事データや
エンゲージメントサーベイなど、**客観的な数値を元に議論を行い、推進
する意識を高めていく**ことが重要です。

以上の３つは、部長層以上の女性管理職登用だけではなく、会社全体として女性活躍やダイバーシティ推進を進めるために有効な取り組みです。経営戦略・人材戦略の一環として経営層と話し合える場を設けていきましょう。

　ここまでが、３つの視点７つのポイントのファーストステップにあたる**「視点②現場（人事）の取り組み」**です。女性管理職パイプラインの構築を行いながら、定点観測を行い、継続的に施策を行っていきましょう。

第 **6** 章

女性活躍推進３つの視点と
７つのポイント：経営・広報編

～戦略実現パートナーとしての取組み～

1　経営における推進

まず、女性活躍やダイバーシティが本質的に進むためには、経営戦略に基づいて人材戦略がつくられ、その中にダイバーシティ（DEI）や女性活躍が入っている必要があります。

図表1-6　経営戦略に紐づいた人材戦略・ダイバーシティの位置づけ（再掲）

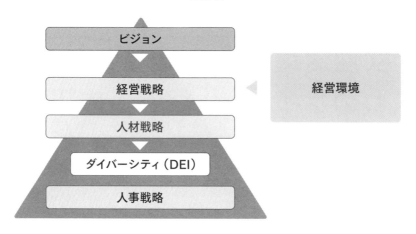

ここでは、女性活躍推進3つの視点と7つのポイントの「視点1．経営陣の取り組み」の、以下3つについて解説していきます。

①企業のビジョン・目標の明確化
②能力を発揮・評価できる仕組みづくり
③現場と経営を繋げる推進体制の構築

1　女性活躍における理想的な推進体制とは？

私達が企業をサポートする中でよくご相談いただく組織的な課題は、以下の3点です。

・なかなか会社の中で、**経営課題**として進んでいかない

・**担当組織**はできたけど、進め方が分からない

・**全社に広げていく**方法が分からない

　これらの解決にあたっては、まずは、経営的な観点から見てダイバーシティが**「人材戦略の中に位置づいているかどうか」**が非常に重要なポイントとなります。

　その上で推進体制が経営陣と共に強力に進められる体制に構築されているかがとても大切です。

　よくある例としては、HP上には「ダイバーシティは経営戦略である」と記載されている一方、推進体制はあまり構築されていないケースがあります。例えば、人事部の「育成」を担当するチームの中に、兼務という形で「女性活躍推進グループ」が作られるパターンなのです（図表6-1参照）。

図表6-1　ダイバーシティ・DEIの推進がなかなか進まない例

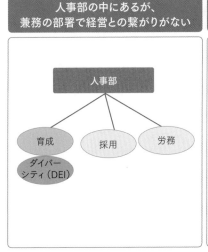
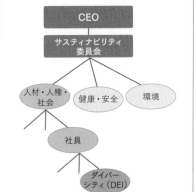

　多くの場合、この体制だと付属品のようになってしまい、なかなか女

性活躍が進まないケースが多くあります。

　もう一つ、「サスティナビリティ委員会」の中にダイバーシティの要素が加えられるパターンもよくある事例です。社長直下のプロジェクトではあるものの、サスティナブルを構成する要素として「人材」と「健康」「環境」というカテゴリーがあり、人材や人権の中に「社員」の項目があり、その中にダイバーシティが含まれていて……と、かなり深い階層になってしまいます。

　これだけ深い階層に入ってしまうと、サスティナビリティ委員会の会議で社員のことについてはあまり話し合われないまま終わってしまうという事態を招いてしまいます。

　大切なのは、**経営戦略を実現していくための人材戦略として、ダイバーシティや女性活躍を強力に推進できる体制がつくられるか**どうかです。

　労働人口が減少している中で、性別や年齢、その他の属性に関係なく、全員が当たり前に活躍ができる環境が整っていないといけない。だからダイバーシティ施策は必要と理解された上で推進体制が作られているかどうか、ということですね。

　経営陣と常に方針を確認しあえるような体制と予算があることが、推進していく上での大切なポイントとなります。理想的な推進体制に必要な要素は、以下の2つです。

1. 経営との繋がりが明確で、経営陣と常に方針を確認できる体制と予算がある
2. 自社の社員について、「経営戦略・人材戦略」として話し合える場がある

　1番理想的な体制は、第5章の最後で触れましたがCEO直下で「人財委員会」といった人材戦略について話し合える体制を作り、その「人

財委員会」の中に、**ダイバーシティ（DEI）、経営層育成（リーダー育成）、健康経営（ウェルビーイング）**といった分科会があることです。

　そして、「人財委員会」を構成するメンバーに、**意思決定層と執行部隊**がいること。最低限として役員と人事担当者、加えて事業部の意思決定層もいるとより良いでしょう。重要なのは、**CEOと人事がきちんと対話ができる状況**であるということです。人事がCEOの戦略実現パートナーとして対話を行い、人事施策を実行できる体制づくりを意識しましょう。

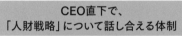

図表6-2　ダイバーシティ・DEI推進の理想的な体制

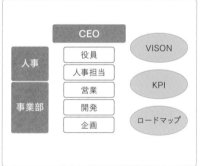

2　自社の経営課題を捉え、「ガチ対話」を経てビジョンを策定

　推進体制が整ったら、次は自社の経営課題を捉え、ビジョンを描いていきます。順序としては、自社の課題を定量的・定性的に可視化するところからスタートします。

　第2章で紹介した「10年後の社員構成」を作成したり、社員に生の声をヒアリングしたりしながら、自社の課題を明確にしていきます。

　自社の経営課題を、経営陣や推進担当者で対話をする場合、「サーベイ・フィードバック」という手法を是非お勧めしたいと思います。

サーベイ・フィードバックとは、**中原淳教授の『サーベイ・フィード バック入門』**によると、「**サーベイ（組織調査）」で得られた「データ」を適切に現場に届け（フィードバックし）、現場の変化・職場の改善を導く技術のこと」**と述べられています。

　組織調査は数多く行われることが増えてきましたが、その結果を活かしているケースはまだ少ないのが現状です。組織調査を元に、対話を行い、データの意味付けをしながら、アクションプランを行うことで、本質的な組織変革を行うことができるのです。

図表6-3　サーベイ・フィードバックの仕組み

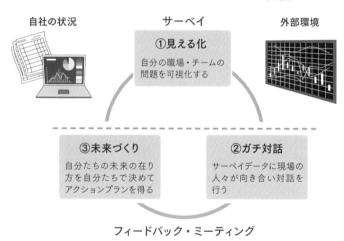

（出典：中原淳〔2020〕『サーベイ・フィードバック入門』を元に作成）

　弊社で行っている「サーベイ・フィードバック」は、対話の会という形で実施し、4日ほど時間をかけて行っていきます。

【キックオフ】
・会の目的
・外部環境認識（人的資本経営の流れ、人材戦略・DEIとは、競合他社の動向等）

キックオフでは、そもそも対話の会を行う意義とは？という目的説明から始まり、外部環境の情報等のインプットをしていきます。ESG投資の投資額増加といった世界的潮流や、それを受けたコーポレートガバナンス・コードの改訂、競合他社や市場はどのように動いているのか等、第1章でお伝えしたような内容をインプットすることで、参加者の目線や情報を合わせ、より客観的に自社の状況を把握する事が可能になります。

DAY 1は自社の課題について対話をしていきます。

「10年後の社員構成比」や、社員へ実施したインタビュー等で組織の状態を可視化し、その結果を元に自社の課題について対話をしていきます。サーベイフィードバックでは、この過程を「ガチ対話」と言っています。ガチ対話ですので、本音で対話することがポイントです。

例えば、「10年後の社員構成」を見た上での、対外的な見られ方、社内で起こり得る問題のバッドエンド（最悪な状況）を想像していきます。人は、危機感を感じないとアクションがなかなか取れない事が多いので、まずは最悪な状態を共有した上で、そうならないための未来づくりを想像する意識を持っていただきます。その後、社員インタビューやエンゲージメントサーベイなどのデータを元に、自社の課題を分析してまとめていきます。

DAY 2では、**未来づくり**ということで、ビジョンを描いていきます。ビジョンは視覚的に行うとより効果的なため、グループで絵を描いたりするなども効果的です。

弊社が提供している場合は、連携している講師の方にブロックを利用したワークショップを行っていただく場合もあります。手を動かしながら、自分たちの組織の理想の状態を創っていきます。

DAY 3は、DAY 2で作成した「組織の理想の状態」から、自社の強

み・弱みを抽出しながら、**参加者全員で自社のビジョンにまとめていき**ます。

【DAY1】社内サーベイ結果を元に対話
1．10年後の社員構成の状況から、バッドエンドを想像する
2．エンゲージメントサーベイ/社員の声から、現状課題を対話

【DAY2】強み・弱みの明確化・ビジョン構想
1．ビジョン構想（個人・グループ）
　　※絵を描いたり、ブロックを使うなど、手を動かしながら創
　　　ることが望ましい
2．自社の強み、ビジョンに入れていきたいキーワードを抽出

【DAY3】ビジョン策定・アクション立案
1．DAY 2で出てきた、個人・グループで作成したビジョンを収集
2．参加者全員で、自社のビジョンを策定

　このように、経営層や推進担当者自らが考えて手を動かして作成したビジョンだからこそ、納得感も高く、推進をしていく上での指針に繋がります。

　ただ、1回実施しただけでずっと効果があるものではありません。年月が経つことでズレていったり、新しい推進担当者が増えて、対話の会で話したことを知らない方も出てきたりします。そのためおススメとしては、このような会を**2−3年に1度、内容を変えながら行う**ことをお勧めします。定期的な開催により、推進スピードを緩ませることなく進めることができます。

　ご支援する組織によって方法は異なってくるため、これはあくまで一例になりますが、ぜひ、サーベイフィードバックを用いた対話の会でビジョン策定を行ってみてください。

　ビジョンが策定できたら、実現に向けたアクションを洗い出していきます。ビジョンやアクションを設定するときは、ただのお飾りとなってしまわないためにも、執行部隊が納得感と当事者意識を持てるものにしましょう。　アクションが具体化できたら、アクションプランを作成し推進チームで進めていきます。

　このように、「企業のビジョン・目標の明確化」を行い、推進するチームで納得感を持ってアクションプランまで目線を合わせていくことで、本質的に**「現場と経営を繋げる推進体制の構築」**ができるのです。

COLUMN

理想的な推進体制を作れない場合でも、諦めないで！

　読者のみなさんの中には、「５章では視点２（現場・人事の取組み）、６章では視点１（経営陣の取組み）と、なぜ先に視点２の解説を行ったのだろう？」と不思議に感じた方もいるかもしれません。

　理由は、日本企業においては、**現場の取り組みから始めるしかないケースも多い**からです。

　経営者や経営企画室から「推進体制がうまく機能せず、女性活躍に対する取り組みが全く進まない」「担当部署はできたけど進まない」「女性活躍に取り組まなければならないことは分かったけど、何から手をつけたらいいか分からない」といったご相談をいただく場合は、経営陣の取り組みからサポートをスタートします。

　しかし、「経営者の意識がまだ高くないのですが、現場の課題感から人事でどうしようと悩んでいます」といった、人事部、現場からご相談いただくことも多くあります。この場合、先ほどご紹介した「理想的な推進体制」で進めることが難しい状況であることも多いです。

　「女性活躍」の難しいところは、「古くて新しいテーマである」と

いう点です。長い年月をかけて築き上げられた組織体制の中で、「このテーマに関しては、人事部のこのチームが担当する」と明確に振り分けられていたりします。そんな中、ゼロから理想的な推進体制を作るということは難易度が高いでしょう。

　もちろんゼロから構築ができる場合は推進体制から見直していきますが、そうでない場合は、視点２にあたる**人事（現場）の取り組み**、つまり**「女性管理職パイプライン」の構築に向けた施策をどんどん打っていきます。**

　そして、成果やデータが出てきたタイミングで**経営陣に提言**するのです。「この施策を打った結果、このような成果が出てきました」「KPIを設定して、もっと予算をかけて取り組んでいくべき分野ですよね」と、**効果や成果を経営トップに見せることで必要性を説得**するのです。

　ですから、「経営陣が意識がないので、現場の取り組みからしか始められません」「理想とされている推進体制は今すぐ作ることができないけど、なんとか自社の女性活躍を推進していきたい」という担当者も、ぜひ諦めずに視点２にあたる現場の取り組みから始めてみてください。

　研修の場に経営者に来てもらったり、取り組みによって得られた成果を広報で発信する。社員が変化する様子や、対外的な評価を知って経営者の注目度が高まることも多いです。経営者をまきこみ、コミットしてもらうための取り組みを進めていきましょう。

■3　経営戦略としての情報開示

最後に、人的資本の情報開示についてお伝えしていきます。

人的資本の情報開示とは、人と組織がありたい姿に近づいているか、人材戦略に基づいた人事施策の効果が出ているのかを確認していくことです。また社内外のステークホルダーとの対話を行い、改善をしていく

上で必要になってきます。

　「ステークホルダーとの対話の為に必要だから」と、良い数値を見せていかなければと思いがちかと思いますが、人的資本の情報開示をすることは、**人事課題が見つかり、組織変革を進めていくアセスメント**と捉えていくことも重要です。

　しかしながら、第1章でも人的資本の情報開示についての世の中の動向を解説した通り、近年では投資家への人的資本の情報開示が急務となっています。人事や経営企画の方に話を伺うと、「沢山ありすぎてよく分からない」と、嘆いてしまっている方も多くいらっしゃいます。

　ここでは日本における人的資本の情報開示、特に**多様性**の項目で押さえていく点と、留意点についてのみ限定してお伝えさせていただきます。まずは基本となる、4つのルールやガイドラインを知っておきましょう。図表6-4は、それを分かりやすく整理したものです。

図表6-4　情報開示にかかわるルールとガイドライン

ルール・義務	情報開示基準（ガイドライン）
「企業内容等の開示に関する内閣府令」による**有価証券報告書**での開示	**ISO 30414**（ISO：国際標準化機構）
コーポレートガバナンス・コードによる**コーポレート・ガバナンス報告書**での開示	**人的資本可視化指針**（内閣官房）

　まず、**情報開示のルール・義務に該当するのは「有価証券報告書への開示」と「コーポレート・ガバナンス報告書への開示」**です。

　「有価証券報告書」への情報開示は、2023年3月期より「従業員の状況」の記載において多様性の指標を含めた人的資本情報の開示が求められるようになりました。また「コーポレートガバナンス・コード」は、

2021年6月に改訂しており、その中の「原則2-4①」にて**「女性・外国人・中途採用者の管理職への登用等、中核人材の登用等における多様性の確保についての考え方と自主的かつ測定可能な目標」**をコーポレート・ガバナンス報告書に示すように求められています。

　また、情報開示基準（ガイドライン）に該当するのが「ISO30414」と「人的資本可視化指針」です。詳細は第1章で解説していますが、こちらはあくまでガイドラインの為、開示することが望ましい項目と考えていただければと思います。

　早急に情報開示の対応をする必要があるのは「有価証券報告書」と「コーポレート・ガバナンス報告書」ですが、ただ人事データを開示すれば良いということではありません。**「経営戦略としてどのように捉えているのか」**を示していく事が重要です。その為、ステークホルダーに経営方針を示していく「統合報告書」や「中期経営計画公表資料」にも同様に記載をしていく必要があります。また、サスティナビリティや人的資本（ヒューマンキャピタル）に特化して、独自でレポートを出す場合には、そちらにも開示を行っていきます。

〈ステークホルダーとの対話に利用する開示媒体の例〉
- 有価証券報告書
- コーポレート・ガバナンス報告書
- 統合報告書
- 中期経営計画公表資料
- サステナビリティレポート/ヒューマンキャピタルレポート

　では、まず有価証券報告書へ記載が求められている項目について解説していきます。2023年3月期より、有価証券報告書に人的資本の情報開示が求められるようになりました。開示項目として追加されたのは、大きく分けて「人的資本」と「多様性」に分けられます。人的資本の**「人財育成方針」「社内環境整備」**の具体的な内容や算出方法は示されておらず、企業が自らの任意で記載をしていきます。多様性の**「女性管理**

職比率」「男性の育児休業取得率」「男女間賃金格差」は、厚生労働省の
女性活躍推進法や育児・介護休業法に基づいて示されており、算出方法
なども各法律で定められている方法で開示する必要があります。

図表6-5　有価証券報告書への記載義務項目

人的資本	人財育成方針
	社内環境整備
多様性	女性管理職比率
	男性の育児休業取得率
	男女間賃金格差

　では、どのように開示していくと良いのでしょうか。前述したよう
に、人事データだけを開示するのではなく、経営戦略としてどのように
捉え、対応しているのかが求められます。

　2013年に国際統合報告評議会（IIRC）が「国際統合報告フレームワー
ク」を発表しました。その中で、長期的な企業の価値創造プロセスとし
て「オクトパスモデル」というものが提唱されています。そこで用いら
れている、「インプット」「アウトプット」「アウトカム」というロジッ
クモデルを参考にして、簡単にご説明していきます。

図表6-6　投資家に向けた情報開示の方法

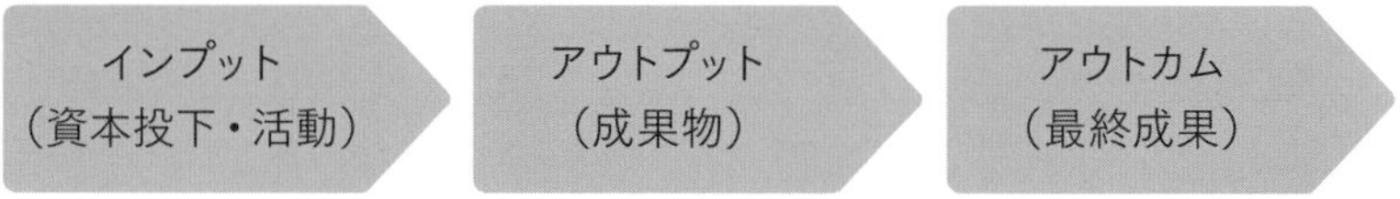

インプット
（資本投下・活動）　→　アウトプット
（成果物）　→　アウトカム
（最終成果）

　まず、アウトプット（成果物）というのがKPIです。またアウトカム
（最終成果）は、KPIが達成した後、長期的にどのような成果が出て企
業価値に繋がるのかを示したものです。これは、中長期の経営戦略の中
で示される内容になると思います。

　人事担当としては、このKPIや最終成果に対して、インプット（資本

投下・活動）を示していくことを意識していきましょう。まず現状の課題を分析し、その結果で見えてきた施策を、どのように実行しているのか。KPIや現状の人事データ開示に合わせて記載していきましょう。それぞれ、有価証券報告書に義務化されている開示情報を出していくと、女性管理職パイプラインのどこが切れているのかも見えてくるため、その結果に対しての施策を合わせて記載していきます。図表6-7は、開示情報として設定されているものと、その向上に向けた施策として考えられるものです。このように、目標としているKPIに対して、対応する施策（活動）を行って、効果が出ていることを示すことが重要です。

　また、義務化されていない情報であっても、自社のKPIに近づくための目安にしている指標があれば合わせて記載をしていく事も効果的です。第5章にて「ジェンダーギャップの測定」が重要であるというお話しをさせていただきましたが、例えば「女性管理職比率●％」というKPIがあったとして、その手前に「昇進意欲」や「リーダー経験の差」「上司からの育成支援」にジェンダーギャップがあったとします。その場合、その指標も合わせて開示することで、KPIがすぐに改善しなくても、その手前の数値が改善しており「施策が進んでいる」ことが分かります。このように、施策が効果的な結果が出ているかを測定し、開示し

図表6-7　情報開示と施策の関連性

女性管理職パイプラインの項目	開示情報	施策例
エグゼクティブ育成	・女性役員の比率	スポンサーシップ、クオーター制度、部長層以上の育成施策 など
登用	**・女性管理職比率** **・男女間賃金格差**	女性社員向けリーダーシップ研修、公平な登用の仕組みの改善 など
育児期の復職支援・活躍支援	**・男性育休比率**	育休前後の面談の実施、育児期社員の活躍支援、上司のアンコンシャス・バイアス研修 など
育成	・女性の係長比率	5年目までのリーダー経験の付与、長期的なキャリア意識の醸成 など
採用	・女性の採用比率	採用人数、比率のKPI化 など

ていく事も重要です。

2　広報における推進

1　変革をより促進させる広報戦略

さて、最後は**視点3**にあたる「**社内外コミュニケーション**」です。社内外に対する広報戦略はとても重要です。以下の図表6-8は、人事施策が成果に繋がるまでのプロセスを表したものです。

図表6-8　人事施策が成果につながるまで

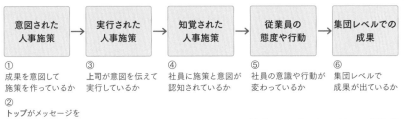

（出典：Purcell and Hutchinson〔2007〕）

人事施策を作っても、突然成果に繋がるわけではありません。この図のように、**経営トップがメッセージを発信し、上司がその意図を伝えることによって、人事制度が実行されていきます。**

人は、同じことを**3回聞いてようやく「聞いた」と認識する人が多い**そうです。つまり、「社長が言っていた」「上司が言っていた」「周りも言っている」となって、はじめて「うちの会社、女性活躍を推進しているんだな」と自覚するのです。

認識することではじめて、そこから従業員の態度や行動が変わっていきます。それが集団レベルになっていくことによって成果が出ます。ダイバーシティや女性活躍進を推進しているという事を社内外に共有していくことによって、より変革が促進させていくことができるのです。

ポイントは、どれだけ多くのキーパーソンを巻き込んでいけるかどうかです。1つの施策に対して、CEO、役員、上司、対象社員など、とにかくステークホルダーを掛け合わせて仲間を増やしていきましょう。

具体的には、まずは社内の16%以上が施策に関わることを目指しましょう。これは、新しい商品やサービス、考え方などが浸透する過程を5つのグループに分類した「イノベーター理論」を参考にした数値です。

まずは「イノベーター」と呼ばれる変革者、そして「アーリーアダプター」と呼ばれる初期採用者（新しい考えを普及する上で重要となる層です）の2つの層を巻き込むことができれば、普及が広まっていきます。

では、普及率16%を達成するためには、どんなことをしていけば良いのでしょうか。先ほどご紹介した「人事施策が成果に繋がるまでのプロセス」に則って、まずはCEOや役員といった経営トップが「ダイバーシティは経営戦略である」と明確に発信することが大切です。

次に、様々な場に出向いて、社員に重要性を直接伝えていきます。そして、5章でご紹介したような本質的な施策（リーダーシップ研修など）を行い、関わる人を増やしていきます。これまで数々の企業のダイバーシティ推進をサポートしてきた私の経験上、これらの**取り組みを3年ぐらい続けていくと、少しずつ取り組みが波及していく**印象です。

そして、この取り組みや成果を社内の人だけではなく、社外やメディアにも積極的に発信していきましょう。社内だけではなく、メディアを通して自社の取り組みを知ることにより、「あ、うちの会社、本当にダイバーシティ推進に力を入れているんだな」とより認識が深まっていきます。

この広報戦略は、先ほど触れた**「理想的な推進体制を作れないけれど、現場（人事部）では熱量を持って女性活躍に取り組んでいきたいと考えている」**と悩んでいる人事の方にもぜひ活用していただきたいと思います。

現場で本質的な施策を実行しながら、成果を社内外に積極的に広報し

ていく（実績を先に作って見せていく）ことにより、CEOや役員、上司をも説得することができます。

スリールでは、インパクトの強い取り組みを行い、メディアとの連携することで、推進速度を高めていった事例も多くあります。

経営陣に経営戦略として取り組んでいく必要性を伝える方法は、メディアだけではありません。たとえば、5章で人事施策の取り組み事例としてお伝えした「女性向けリーダーシッププログラム」。最初の**キックオフのタイミングでCEOからのメッセージとして話しに来てもらったり、最終日の受講生のプレゼンを聞きにきてもらったりする**ことは、CEO自身が社員が考えていることを知る機会にもなりますし、社員へのメッセージ効果も高まります。

② その効果、数億円の広告費に匹敵？　社内外広報に効果的な「インパクトのあるプログラム」

社内外広報に効果的なのは、インパクトのあるプログラムを実行し、メッセージを発信すること。対象者が少人数だとしても、インパクトが強ければ波及効果は抜群に高まります。

もちろん、ただインパクトが強ければ良いわけではありません。しっかりと効果の高いプログラムを実行することが大切です。

私たちが提供している取り組み事例の中から「**育ボスブートキャンプ**」というプログラムをご紹介させてください。**役員やマネジャーに育児体験をしてもらい、働き方・ダイバーシティマネジメントをリアルに体感するプログラム**です。

具体的には、**17時退社にチャレンジし、保育園のお迎えから夕飯、遊びまでの一連の育児を体験**します。

自社の育児期社員の家に訪問する場合もありますが、弊社が体験できる家庭を紹介するケースもあります。4日間程度育児体験をしたあと

は、ダイバーシティインタビューを複数回実施します。自社の育休を取得した**男性社員や介護中社員**など、多様なメンバーと対話をしながら、自分とは違う立場にいる社員の状況を知ります。

そして最後は、プレゼンテーションを行います。「**自社がダイバーシティ（DEI）を実現するためには**」というテーマ等で、経営層に向けて**提案**を行います。

以上が、育ボスブートキャンプのプログラム概要です。ある企業の例ですが、最終日のプレゼンにて、マネジャーのみなさんが社長に対して**「多様な人財がキャリアアップできる会社になっていかなければならない」**と強く発言したことで、自社内でのダイバーシティ推進の活動が大きく進んだということもありました。育児期社員の声が直接社長に届く機会というのはなかなかありませんが、社長も、マネジャーからの提言となるとかなり響いたようで、「マネジャーがここまで言うのであれば」と、社長が全社に対してメッセージを発信するようになったのです。

そのメッセージを聞いた社員達は、「うちの会社ってすごくいい取り組みしているんだよね」と、クライアントなどの社外に言い始めます。

こうしているうちに、社外にも取り組みが伝わっていき、プログラム内容のインパクトの大きさも手伝って、多くのメディアに取り上げられたり、アワードの受賞などの効果がありました。そして、メディアを通して社外からの評価も高まり、入社希望者が増加。数億円ほどの広告効果があったのではと言われているほどです。

この好循環については、第2章のダイバーシティ経営の部分でもお伝えした通りです。**プログラム自体はマネジャー個人の意識変革を起こすものだったとしても、5年継続したことによって組織変革を起こしたという企業事例です。**

図表6-9　育ボスブートキャンプ導入の波及結果

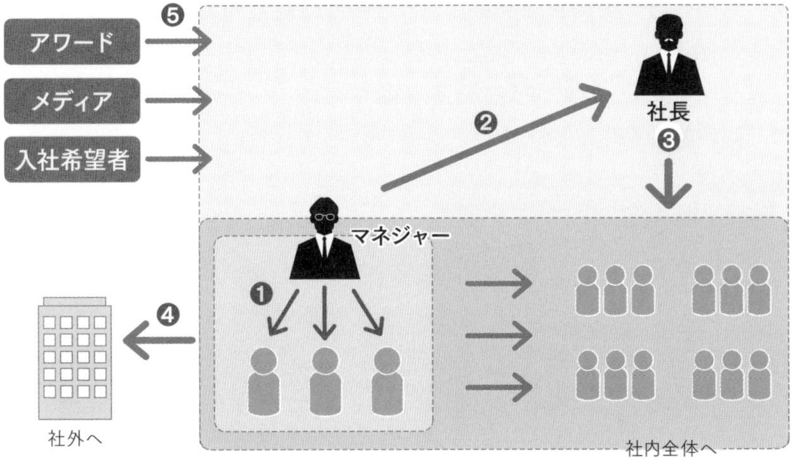

①体験したマネジャーの実際のマネジメントの質が変わる
②プログラムでの気づきを社長にプレゼン
③社長からプログラムの意義や企業として実施する意義を、社員に発信
④社員/広報が、自社の取組みをクライアントや社外に発信
⑤社外からの反応として、メディア取材やアワード獲得、入社希望が出てくる

3　変革に必要な期間は3－5年。経営・現場・広報の連携が必要不可欠

　組織変革をしようと思ったら、動き出してから定着するまでに、3－5年はかかります。最初の1－2年は、制度の見直しや改善を行い、取り組みの周知をしていきます。

　そして、社員の意識と行動変革を促すための取り組みや、社員の理解を深めるための取り組みなど、組織風土の改善をしていきます。

　はじめは認知度も低いでしょうし、社員からの反発もあるでしょう。ですが、**3年ほど続けていくと、組織風土の変化を感じられるように**なってきます。

　そこから2年くらいで、コミュニティの形成をしていきます。取り組みが継続できる仕組みづくりをしていきましょう。

社会心理学の父と言われているクルト・レヴィンは、組織変革に必要なプロセスを**「解凍」→「変化」→「再凍結」**と表現しています。組織の中に浸透している固定観念を一度捨てて（解凍）、新たな考え方を取り入れ（変化）、再び定着させる（再凍結）という意味なのですが、この**「固定観念を一度捨てる」というプロセスにおいては、外部介入も効果的**です。

　第5－6章では、女性活躍推進の実践方法について「3つの視点と7つのポイント」に沿ってお伝えしましたが、いかがでしたでしょうか。組織が本当に変わっていくためには、**経営・現場（人事）・広報が連携して、本質的に取り組みを継続していく**ことが重要です。ぜひ、腰を据えてしっかりと取り組んでいっていただきたいと思います。

第 **7** 章

実践！
自社のアクションプランの
作り方

1 女性活躍推進の第一歩は「課題分析」

「第2部　実践編」では、ここまで具体的な推進体制から施策の方法、社内外広報のポイントまでお伝えしてきました。

こうした施策を実践する上で注意していただきたいことは、**「課題分析」** を必ず行うことです。課題分析ができていない段階で施策を行っても、むしろ逆効果となってしまうことも多くあります。

「施策を行っているのに、全然効果が出ないんです」とご相談いただく企業の場合、課題分析が不足していることが多いなと感じます。

と言いますのも、人事担当者の方に現状や課題についてヒアリングをした上で研修を行ったところ、実際の参加者の方の状況が、ヒアリングしていた内容と全く違うものだったということが時々あるからです。

もちろん、当日できる限りのフォローアップを行って、最大限の効果が出るように努力はいたします。しかしながら、事前に課題分析がしっかりとできていれば、より効果的な施策が実施できたのに……と思うことがしばしばありました。

私は、前職でマーケティングリサーチを行っていたのですが、**リサーチは課題を可視化するだけではなく、経営への提言にも活用**することができます。

人や組織のことは、なかなか目に見えるものではありません。全ての事を数値で測れるわけではないですが、人に関することを客観的にデータで表すことで、人材戦略についての対話をより客観的、且つ具体的に行うことが可能になります。まずは人や組織に関するデータの種類をご紹介します。

1　ピープルアナリティクスで扱うデータの種類

社員の人事データや行動データ、属性データなどを集めて分析し、組

織の課題解決につなげる手法のことを**「ピープルアナリティクス」**と言います。

　近年、人材戦略を立てる時には、人に関する様々なデータを活用することが主流になってきています。その中で、人事が取得するデータにはどのようなものがあるのかを見ていきましょう。

　まずデータには、**「定性データ（言葉）」**と**「定量データ（数字）」**があります。「定性データ」と「定量データ」の違いについては、次の図表7-1を参考にするとわかりやすいと思います。この図表は、**中原淳教授の『人材開発・組織開発コンサルティング 人と組織の「課題解決」入門』**で用いている、「組織の中にあるデータの種類」の表であり、データの種類が４象限マトリクスで整理されています。

図表7-1　組織の中にあるデータの種類

定性データ（言葉）

一次情報（コンサルタント本人のオリジナルデータ）

・ヒアリング
・聞き取り
・1on1
・面談
・観察

・webページ
・広報誌
・イントラネットの情報
・社史
・他者の行った面談記録
・他者の行った1on1記録
・研修記録

二次情報（他者が収集したデータ）

・独自サーベイ調査
・独自の観察＆数量化

・人事データベース
・業績データベース
・ES調査
・従業員調査
・職務満足度調査
・エンゲージメントサーベイ
・ストレスチェック
・パルスサーベイ

定量データ（数字）

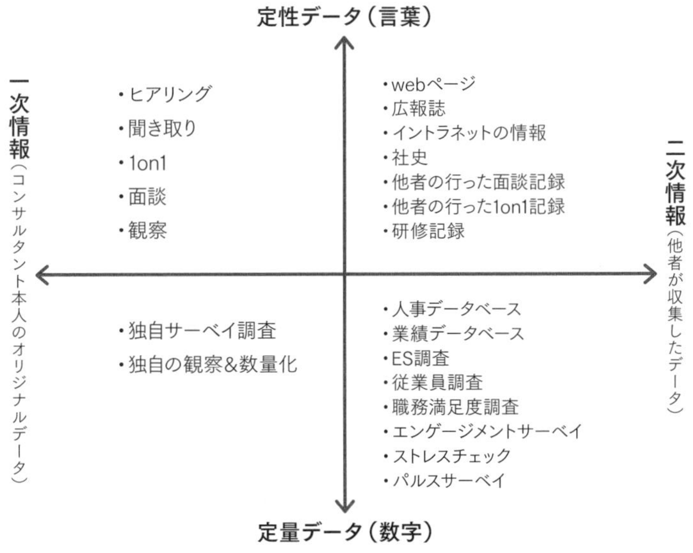

（出典：中原淳［2023］『人材開発・組織開発コンサルティング 人と組織の「課題解決」入門』）

定性データとは、自身で聞き取った一次情報であり、ヒアリング内容

の議事録などが挙げられます。それだけではなく、自社の広報が行ったインタビュー記事や、他者が実施した面談の記録などの二次情報も活用することができます。

　一方、**定量データ**は、独自でサーベイを実施した一次情報のものや、既存で定点的に取得しているエンゲージメントサーベイ等の二次情報を利用することも可能です。

　定量データは、客観的かつ具体的な数字データですので、経営層にプレゼンする際や、社内外に広報する際に、説得力のあるデータとしてインパクトがあります。特に定点的に取得しているサーベイは、経年変化等を見る上でも有効です。

　一方、定性データは、数字だけからは読み取ることのできない、より具体的な状況を読み解く上で大変参考になります。定性データと定量データとを組み合わせて利用することで、より解像度が高く現場を理解することができます。

　そのため、「定量データ（数字）」と「定性データ（現場の声）」、どちらか一方に偏ることなく、**両方のデータを利用することが重要**です。客観的で、かつ現場の状況を理解した上で現状を総合的に分析することを意識していきましょう。

2　女性活躍・課題分析リサーチとは

　課題分析やリサーチの重要性を理解しても、忙しい人事部・経営企画部の方は、リサーチにかける時間を捻出するのが難しいという課題もあると思います。

　よくご相談を受けるのは、「経営層に『女性活躍の課題を洗い出してみてほしい』と言われたけれど、社員アンケートを行う時間も工数もない。でも、早急に課題を分析してアクションプランを作らないといけない」という相談です。

　全社員へのアンケートを行うことは、全社員の状況が数値でも可視化

されるので大変有効ですが、社員も様々なアンケートに答えすぎて、「アンケート疲れ」してしまっている場合もあります。

　アンケートを行うのであれば、しっかりと目的を達成するための内容に設計する必要があり、その場合はすぐに実施ということは難しいこともあります。

　そのような背景がある中で、まずは人事が持っている情報や、数名のヒアリングから課題分析できる方法としてご提案したいのが、**「女性活躍・課題分析リサーチ」**です。

　「女性活躍・課題分析リサーチ」とは、弊社スリールが長年の知見を取り入れて、独自開発したリサーチ手法です。次の**3つのリサーチを通して、数値・施策・定性で自社の課題を分析**します。

> 1. **数値リサーチ**：自社の人事データを用いて、女性活躍の段階やネックになっている部分を客観的に把握
> 2. **施策・制度リサーチ（＋人事ヒアリング）**：人事が女性活躍の現状についてどの程度把握し、制度・施策を実施しているのか把握
> 3. **定性リサーチ**：現場の社員がどのような課題感を持っており、どのような環境に置かれているのかを把握

図表7-2　女性活躍・課題分析リサーチ

先ほどの図表7-1の4象限のマトリクスに当てはめると、［二次情報・定量データ］の**人事データベース**を用いて「数値リサーチ」を行い、［二次情報・定性データ］の**自社HPやイントラネット**で制度を確認したり、人事にヒアリングしたりすることで「制度・施策リサーチ」を行います。また、「定性リサーチ」は、［一次情報・定性データ］の**ヒアリング**をすることで得るデータです。

　つまり、ここでご紹介する「女性活躍・課題分析リサーチ」は、人事や経営企画等の担当者が**既にあるデータ（二次情報）を用いながら、自分でできる範囲の方にヒアリングする（一次情報）方法**を取るという手法です。この手法は、現状を正しく認識し、効果的な施策する為に十分な分析を行う事ができます。

　ここでは、簡易的な方法と分析観点をお伝えし、施策のアクションプランまでに落とし込む流れをご説明します。
　まずは、本書を読みながら自社の状況や課題を分析してみてください。

　それでは、それぞれのリサーチ方法を、詳しく解説していきます。

2　数値リサーチ

1　数値リサーチで使用する人事データ

　数値リサーチは、自社の女性活躍はどの段階にあるのか、女性管理職パイプラインのどこに切れ目があるのかを客観的に知ることができるプロセスです。

　まずは、以下の項目の人事データを3年間の経年で確認します。それぞれの男性・女性・その他の数を見て、比率も確認していきましょう。

【数値リサーチに使用する人事データ】
①従業員数

②正社員数

③係長相当職数

④課長相当職数

⑤部長相当職数

⑥取締役数

⑦育児休業取得者数

⑧育児時短勤務者数

⑨採用者数

⑩平均勤続年数

⑪平均年齢

⑫離職率

⑬１か月あたりの平均残業時間

⑭男女間賃金格差

※全ての項目において、男性・女性・その他の数値や比率を記載していきましょう

2 フローチャートで自社の女性活躍のステップを確認

まずは太字になっている、 1 でまとめた①〜⑧の数値を参考に、図表7-3のフローチャートに取り組んでみましょう。第5章で解説した**「女性活躍の5つのステップ」**のうち、御社がどこに該当するのか知ることができます。

また、各ステップの状況によって、「女性管理職パイプラインの、どの点が切れているか」については、以下の7項目のどこに課題感がありそうかの予想をつけていきます。

〈女性管理職パイプラインの7項目〉

● 採用

● 育成

●［育児期］育休からの復職支援

- [育児期] 復帰後の活躍支援
- 登用における支援
- 登用後の女性管理職ネットワーク
- 部長相当職以上のエグゼクティブ育成

図表7-3　女性活躍ステップ確認フローチャート

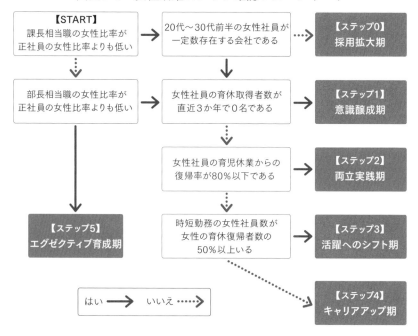

【ステップ0】採用拡大期　女性社員自体が少ない状況
　　　　　　　　（採用に課題がある可能性）
【ステップ1】意識醸成期　女性社員を採用しても早期に退職する
　　　　　　　　状態
　　　　　　　　（育成・育休からの復職支援に課題がある可能性）
【ステップ2】両立実践期　育児期社員の就業継続が困難な状態
　　　　　　　　（育休からの復職支援に課題がある可能性）
【ステップ3】活躍へのシフト期　育児期社員の就業継続はできる

> が、活躍できていない状態
>
> （育休復帰後の活躍支援に課題がある可能性）
>
> 【ステップ4】キャリアアップ期　女性活躍はある一定進んでいる
> が、管理職像が画一的な状態
>
> （育成・育休復帰後の活躍支援・登用における支援
> に課題がある可能性）
>
> 【ステップ5】エグゼクティブ育成期　課長職は増えてきたが、更
> なるキャリアアップに課題がある状態
>
> （登用後の女性管理職ネットワーク・部長相当職以
> 上のエグゼクティブ育成に課題がある可能性）

御社は、どのステップに該当したでしょうか。

　この分析で、自社がどのステップであり、パイプラインのどこに課題があるのかが分かります。ステップ別の解説は**第5章**で行っておりますので、ぜひ見直してみてください。

3　その他の数値の分析の観点

　2　では、簡単に自社の女性活躍の現状を知るために①～⑧の数値のみを使用しましたが、数値リサーチをする上で重要な数値は他にもあります。ここからは、⑨以降の数値をチェックする際の観点を解説していきます。

⑨採用数

　会社の方針に沿って採用が行われているかを確認します。KPIなどが設定されていれば、それも合わせてチェックしましょう。

⑩平均勤続年数、⑪平均年齢

　平均年齢が40歳以上だった場合、50代の社員が多く、20代が少数という可能性が高いです。出産や育児を理由に退職しており、30代がほぼいない可能性があります。各年代で女性社員が少ない状況も合わせて

第7章　実践！　自社のアクションプランの作り方

確認し、パイプラインの切れ目も見ていきましょう。

⑫離職率（新卒3年以内）

現在の**日本の平均離職率は15.0％**[1]ですが、**10％程度はアラートライン**と考えると良いと思います。特に若手の離職率が増えている場合は、退職理由も合わせて分析する必要があります。

⑬1か月あたりの平均残業時間

現在の**日本の平均法定外労働時間は、13.8時間**[2]ですが、民間調査によると平均残業時間は20～25時間程度である場合もあります。**25時間を超えている場合は、部署によって偏りがある可能性**があります。残業時間が多い企業ほど、育休復帰のタイミングから課題を抱えるケースが多いです。

⑭男女間賃金格差

男性の給与水準を100としたときの女性の給与額の比率で考えます。もちろんあるべき姿としては女性も100ということになるのですが、現在の**日本の男女間賃金格差の平均は75.2**[3]ですので、まずは85以上を目指しましょう。70を切っている場合は、平均を大きく下回っていることになり、女性管理職比率が極端に低い、または女性が責任のある仕事を担えていない状況だといえます。

1　厚生労働省「令和4年雇用動向調査結果の概況」（2023年）https://www.mhlw.go.jp/toukei/itiran/roudou/koyou/doukou/23-2/dl/gaikyou.pdf

2　厚生労働省「毎月勤労統計調査　令和5年分結果確報」（2024年）https://www.mhlw.go.jp/toukei/itiran/roudou/monthly/r05/23cr/dl/pdf23cr.pdf

3　内閣府男女共同参画局「男女間賃金格差（我が国の現状）」（https://www.gender.go.jp/research/weekly_data/07.html）

3　施策・制度リサーチ

....

1　**施策・制度リサーチの全体的な観点**

　次に、**施策・制度リサーチ**の実施方法と分析観点についてお伝えしていきます。

　数値リサーチで課題感があった、女性管理職パイプラインの7項目に関して、人事部が認識をしており、施策を行っているのかを確認していきましょう。

　「採用」「育成」「育児期の復職支援」「育児期から復帰後の活躍支援」「登用における支援」「登用後の女性管理職ネットワーク」「部長相当職以上のエグゼクティブ育成」の7項目に対して、人事が施策を行っているか**【◎○△×】**で簡易的に評価してみましょう。

　施策が十分に行えている場合は**【◎】**、施策は行っている/制度はある場合は**【○】**、施策/制度は一部行っているが、浸透している感覚が無い場合は**【△】**、施策/制度を全く行っていない場合は**【×】**として4段階で評価してみてください。

　【施策・制度リサーチにおける全体的な観点】
　・採用：
　　・採用に関してのKPIや方針があるか【　　】
　　・方針に対して、何か施策を行っているか【　　】
　・育成：
　　・ジェンダーギャップのない育成を意識しているか【　　】
　　・5年目までのリーダー育成やライフキャリア研修などを行っているか【　　】
　・育児期の復職支援：
　　・育休からの復帰・就業継続状況を把握しているか【　　】

- ・会社として面談やサポートなどの仕組みを創っているか
  【　　】
- ・育児期社員に責任のある仕事を付与しているか【　　】
- ・時短社員・育児期社員への評価が下がる事がないような仕組みを創っているか【　　】
- **・登用における支援・公平性の確保：**
  - ・管理職になることのネガティブイメージの払拭の取組みをしているか【　　】
  - ・管理職になるための女性向けのリーダーシップ研修を行っているか【　　】
  - ・登用を公平に行う仕組みがあるか【　　】
  - ・昇格試験の受験や、登用においてKPIを設定しているか
    【　　】
- **・課長以上のスキル研修・エグゼクティブ育成：**
  - ・課長から部長視座を高める取り組みを行っているか【　　】
  - ・スポンサーシップなど、意識的に引き上げていく仕組みを導入しているか【　　】

　いかがでしたか？　数値リサーチで明らかになったステップやパイプラインの課題に対して、対応はできていましたか？

　次に、具体的な施策の取り組みについてみていきます。

　図表7-4は、先ほど4段階評価をした7つの項目に対し、**【マインドセット・ポジティブアクション・ネットワーク】**の3つのチェック項目を設けたものです。

　この3つの観点において、自社では具体的にどのような施策を行っているのか書き込んでください（例：○年次に、○○研修を実施など）。数値リサーチで見えてきた課題の部分に、施策や制度があるのかどうかを確認することができます。

図表7-4　施策・制度リサーチにおける全体的な観点

女性管理職パイプライン	施策内容			
	マインドセット／スキルセット	ポジティブアクション	ネットワーク	その他
採用				
育成				
［育児期］育休からの復職支援				
［育児期］復帰後の活躍支援				
登用における支援				
登用後の女性管理職ネットワーク				
部長相当職以上のエグゼクティブ育成				

　実際に制度や施策をこの表に記載してみると、**「自社は『［育児期］復帰後の活躍支援』に課題があったのに、施策が全くできていないな」**や、**「自社は、全体的に『マインドセット/スキルセット』の施策は行っているが『ネットワーク』が行えていないな」**など、施策の不足している内容も具体的に知ることができます。

　課題があるにもかかわらず、施策を実施できていない場合は、施策実施に向けての検討を始めてください。逆に、施策を実施しているにもかかわらず効果が出ていない場合は、施策を再考する必要があります。

　そもそも、効果があるかも分からない場合は、**施策に対しての事後アンケート**を行ったり、この後の定性リサーチで**現場の状況をヒアリング**していきましょう。

　自社の女性活躍ステップに沿った効果的な施策については、**第5章の**ステップ別の施策の内容を確認してみましょう。

2　上司向け施策のリサーチ観点

　上司に対する施策もチェックを行う必要があります。

　まずは経営戦略としてダイバーシティが伝わっているのか。アンコン

シャス・バイアスを払拭し、個別マネジメントの実践的な方法を学ぶ仕組みがあるのか。昇格試験や評価を公平に行う仕組みがあるのかなどを確認していきましょう。

1 で取り組んだワークと同様に、次のチェック項目に対して【◎○△×】の４段階で評価をしていきましょう。

【施策・制度リサーチ】上司向け施策
・「ダイバーシティは経営戦略である」と伝えているか【　　】
・業務だけではなく、部下の育成やマネジメントが評価される仕組みがあるか【　　】
・自分のアンコンシャス・バイアスを知るワークなどを研修に取り入れているか【　　】
・具体的に上司がどのように部下に対応すれば良いかを、実践的に学べる内容になっているか【　　】
・評価を行う際に育児期・時短などで評価を下げない仕組みがあるか【　　】
・昇格者推薦時にバイアスチェックを行う仕組みがあるか【　　】

3　働き方施策のリサーチ観点

最後に、働き方の施策を見ていきましょう。働き方への施策が育児期社員だけへの施策ではなく、**全社員が利用できるもの**になっているのか。そして、**チームで働く仕組み**にできているのか等を確認しましょう。こちらも同様に以下の項目に対して【◎○△×】の４段階で評価をしてみてください。

【施策・制度リサーチ】働き方施策
・育児期社員だけではなく全社員がフレックス、リモートワーク等を利用できる制度になっているか【　　】
・育児休業取得前に、該当社員の仕事の業務プロセスを可視化し、

引き継ぐ仕組みがあるか【　　】
・育児休業中の社員の仕事を補填する人員を新たに確保しているか【　　】
・育児休業中の社員に仕事を別の社員が補填する場合に、その社員が報酬や評価に繋げる仕組みがあるか【　　】

　いかがでしたか。数値リサーチと、制度・施策リサーチにて、自社の状況や課題を確認できましたか。

　「より精度の高いリサーチを行いたい」という場合は、**弊社のリサーチツールを利用したコンサル**や、**リサーチツールの販売**を行っておりますので、ぜひお問い合わせください。

4 定性リサーチ

1 定性リサーチとは

　最後は、3つ目にあたる定性リサーチの実施方法についてお伝えしていきます。

　定性リサーチは、数値リサーチと施策・制度リサーチを行った結果、**課題が多いと分かった層に対して実施**します。実施している施策が、効果が出ているのかを確認することもできるリサーチです。

　対象は、大抵の場合は若手社員と、育児期社員、その上司（管理職）に対して行うことが多いです。

　定性リサーチの方法は、**1属性に対して、3名以上にヒアリング**を行っていきます。本人だけではなく、周囲の人にもヒアリングを実施すると、より状況が詳しく見えてくるでしょう。

　意識していただきたいのは、「意識」だけではなく、「認知」や「行動」についてもあわせて聞くこと。**「思っている」**という段階なのと、その上で**「行動にも移している」**という段階なのとでは、状況が違うからで

す。また、施策や課題を決め打ちするようなヒアリングをするのではなく、ありのままを聴くことも重要です。

> **【定性リサーチのポイント】**
> ①課題が強い層に対して実施する。
> 　（若手社員・育児期社員・管理職）
> 　※本人だけではなく、周囲も聴くとより状況が見えてくる。
> ②1属性に対して3名以上にヒアリングする。
> ③「意識」だけではなく「認知」や「行動」も聴く。
> ④「施策」や「課題」を決め打ちするようなヒアリングはしない。
> 　ありのままを聴く。
> ⑤課題感だけではなく、理想の状態も聴いていく。

　企業における人材開発・組織開発について研究している中原淳教授は、著書『人材開発・組織開発コンサルティング』の中で、**インタビューとは"Inter（間に）"＋"View（見える光景）"であり、「インタビューの本質とは、異なる人間同士の間で同じものが見ることができている状態」**であると述べています。ありのままの姿を、立体的に知れるようなヒアリングを実施することが重要です。

　それでは、定性リサーチの実践方法を説明していきます。

2 インタビュー方法の選択と事前準備

　まずは、明らかにしたい事象にあわせて、インタビュー方法を選択します。インタビュー方法は、大きく分けて2つあります。1：1で行う**個別インタビュー（デプスインタビュー）**と、複数名で行う**グループインタビュー**です。

　個別インタビュー（デプスインタビュー）は、課題を構造的に洗い出したい時に有効です。個別でインタビューを深ぼることができるので、

個別の実態や価値観、意識など、詳細に状況を把握することができます。

　たとえば、育児期社員がプライベートな状況も含めてどのような状況で働いているのか。その状況に対して上司はどのように関わっているのかなど、1対1で深く話を聞くことができます。

　グループインタビューは、ある程度課題が見えている場合に有効です。複数名にインタビューするため、課題の幅や多様性を洗い出すことができます。

図表7-5　デプスインタビューとグループインタビュー

	個別インタビュ（デプスインタビュー）	グループインタビュー
1インタビューあたりの対象者数	1人	4～6人程度
対象者の発言・反応	ほかの対象者の意見に左右されることがない。（インタビュアーの言い方で誘導されることがあるので注意）	対象者がお互いに発言に刺激され発言が活性化する「グループダイナミクス」が期待できる。逆に、他の人の意見に影響される可能性もある。
インタビュー時間	60分～90分のケースが多い	120分のケースが多い
目的	対象者から個別に実態や意識等に関して詳細に情報を収集して、ターゲット層の価値観を構造的に把握する。 ➡課題を構造的に洗い出す時に有効	・短期間で、対象者の反応とその根拠を把握する。 ・異なる属性のグループを設定し、グループ間の反応の違いを検証する。 ➡ある一定課題が見えている際に、課題の幅や多様性を洗い出す際に効果的。 短時間で実施する上で効果的。（参加者の交流の機会にもなる）
テーマ	人前では話しづらいテーマ、コンプレックスに関わるテーマでも、ヒアリングが可能。	人前では話しづらいテーマには向かない。（吐露がされない可能性がある）

第7章　実践！　自社のアクションプランの作り方

グループインタビューでは、たとえば、「女性社員の管理職比率が高まらない」といった課題がある場合。異なる属性の社員を集めて、グループ間の反応や意見の違いを検証することができます。課題によって、有効なインタビュー方法はありますが、あまり方法にこだわらず、まずはやり易い方法から実施してみるという形でも問題ありません。

　インタビュー方法が決まったら、事前準備です。インタビュー対象者に関する情報の下調べ（部署、仕事内容、社内でのキャリア、プライベートの情報等）や、インタビューの流れ・質問項目の洗い出し、質問事項の事前共有、エンゲージメントサーベイや、数値リサーチなどを見た感想を聞く場合などは、提示する資料やデータなども準備しておきましょう。

　インタビュー項目が決まったら、**インタビューガイド**を作っておくとインタビュー当日のタイムマネジメントもしやすいですよ。

❸　ヒアリング・インタビューの観点

　各対象に対するヒアリングの観点は、図表7-6を参考にしてください。繰り返しになりますが、「意識」だけではなく、「認知」や「行動」についてもあわせて聴くことが大切です。

　たとえば、「管理職になる育児期社員が少ない」という課題に対するヒアリングを女性社員に対して行う場合は、以下のような質問項目が考えられます。

【本人】
・［属性情報］自社内でのキャリア
・［キャリア意識］入社当初のキャリア意識
・［キャリア意識］現在のキャリア意識
・［認知・理解］子育てをしながら、管理職を行う職場環境があるか

- ［認知・理解］社内でのキャリアコースや、制度の理解があるか
- ［行動］実際に、自分のキャリア展望を上司に伝えたことがあるか
- ［行動］実際に、サポート依頼を周囲にしたことがあるか
- ［キャリア意識］上司から後押しされたら、管理職にチャレンジ
  してみたいと思うか
- 自社で、子育てをしながら管理職を行う人が増えるようになる
  為に必要なことは？
  - 何が解消されたらできるようになりそうか

　上記のような質問に、個人的な意識も含めて話してくださったことに感謝しながら進めていきましょう。

図表7-6　ヒアリング・インタビューの観点

	本人	上司	同僚
意識／キャリア意識	・キャリアアップの意識 ・ライフイベント後も仕事を続ける意識 ・管理職昇進意識　など	・女性社員や育児期社員に対してのアンコンシャスバイアス　など	・育児中の社員に対してのアンコンシャスバイアス ・生産性の高い働き方をする意識　など
認知・理解	・社内でのキャリアコースの理解 ・両立支援策の理解 ・育児中の社員の働き方に対する認知 ・上司からの育成支援の認知　など	・女性活躍・ダイバーシティが経営課題であることの認識 ・社内の女性活躍に対しての取り組み ・両立支援施策の情報 ・多様な働き方の選択肢 ・時間制約（育児・介護）の社員の状況理解　など	・時間制約（育児・介護）の社員の状況理解 ・チームで仕事をする方法の認知　など
行動	・キャリア展望を上司に伝える ・両立をする上でのサポートを依頼する ・異動経験数、経験した業務内容　など	・女性社員に対して期待・評価を伝えている ・タフアサインメントを行っている ・働き方への配慮を行っている ・プライベートも含めたケアを行っている　など	・生産性の高い働き方を実施している ・チームでの仕事の実施　など

4　**インタビューは「ポジティブアプローチ」で実施する**

　弊社でもクライアントの定性リサーチ（ヒアリング・インタビュー）

を行うことがよくあります。その際に大切にしていることをポイントとしてお伝えできればと思います。

それは、「ギャップアプローチ」ではなく**「ポジティブアプローチ」**で実施することです。（図表7-7参照）。

図表7-7　ギャップアプローチとポジティブアプローチ

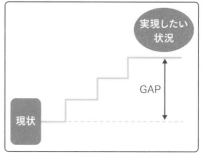

社員インタビューを実施する際にやってしまいがちなのが、「何が不満ですか？」「何に困っていますか？」と聞いてしまうことです。

一見、何の問題もないように思えるかもしれませんが、「何に困っていますか？」と聞いても、漠然とした職場への不満を聴くだけになってしまい、本質的な課題の発見には至りません。

人によっては「インタビュアーの方に聞かれたので、絞り出しただけで、そこまで課題とは思っていないんです」なんてこともあります。

また、困っていることに対してギャップを埋めていこうとする「ギャップアプローチ」が行き着く先は、マイナス部分が0になった「不具合のない状況」です。

それも重要ですが、人が働き続けようと感じるためには、**長期的なキャリアの展望がこの会社で見えるのか？**ということも大きいです。そ

の場合には、マイナスの部分が 0 になるのではなく、その先の理想の未来が描けているかが重要になります。そのため、スリールでは「ポジティブアプローチ」を大切にしましょうと伝えています。

　具体的には、まず「3 年後、どんな生活をしていたいか？」という理想を描いてもらいます。その上で、「ではなぜ、その生活が現時点では実現できていないのか？」「その生活を実現するためには、会社にどんな組織風土や制度が必要か？」という観点で実現の方法を考えていくのです。弊社の場合は、ワークショップ型で実施をしていきます。このような形にすることで、理想の状態へのギャップを確認することが出来ます。

　課題感をヒアリングするだけではなく、**「会社がどんな風になったら、現在の状況はより良くなるのか？」**といった理想についてもしっかりと聞いていきましょう。

⑤　定性リサーチ分析の観点

　ここからは、定性リサーチで分かったことを元に課題分析を行う際の、重要な観点をお伝えしていきます。よくあるケースも併せてご紹介しますので、参考にしてみてください。

　数値リサーチ、制度・施策リサーチで見えた課題との差分や、現場のリアルな状況を確認し、本質的な課題を解像度高く理解しましょう。

【定性リサーチ分析時の観点】
①数値リサーチ、制度・施策リサーチで行った課題感と、現場の課題感は共通していたか
②施策が不足している事によって、どのような状況が生まれていたか（キャリア意識、離職、働き方、相互理解）
③制度や施策を実施していても、利用できない風土などは無かったか

第 7 章　実践！　自社のアクションプランの作り方

221

よくあるケースとしては、次の６つが挙げられます。

図表7-8　定性リサーチで見えてきた現場での課題例

【ジェンダーギャップ】
・制度は平等だけど、実際にはジェンダーギャップが強い。

【上司の育成支援】
・上司からの期待や育成支援が足りていない。管理職のイメージがつかない・悪い。

【会社メッセージが伝わっていない】
・会社の方針が伝わっていない。
・会社の制度やキャリアパスが知られていない。

【上司に当事者意識がない】
・上司が「ダイバーシティが経営戦略である」ことを認識していない。仕事と思っていない。仕事が忙しすぎる。

職場環境

【とにかく業務過多】
・残業も多く、業務過多すぎて、ダイバーシティどころじゃない。縦割りすぎて、部署間の協力もできない。

職場環境

【とにかくコミュニティがない】
・女性が少なすぎて、みんながどんな悩みを抱えているのかも分からないし、相談もできない。

● **ジェンダーギャップ**
制度は平等だが、実際にはジェンダーギャップが強い

● **上司の育成支援**
上司からの期待や育成支援が足りていない。それゆえ、本人が管理職に昇進するイメージを持っていない。あるいは、管理職に対するイメージが悪い。

● **会社メッセージが伝わっていない**
会社の方針が伝わっていない。会社の制度やキャリアパスが知られていない。

● **上司に当事者意識がない**
上司が「ダイバーシティは経営戦略である」ことを認識していない。自分の仕事だと思っていない。あるいは、仕事が忙しすぎる。

> ● **とにかく業務過多**
> 残業も多く、業務過多でダイバーシティどころではない。組織が縦割りで、部署間の連携が難しい。
>
> ● **とにかくコミュニティがない**
> 女性社員が少ないがゆえに、みんながどのような悩みを抱えているのか分からない。相談できない。

　課題を解決するためには、**制度・施策を変える必要があるのか、あるいは知ってもらう必要があるのか、または行動してもらう必要があるのか**。こうした質問に直面したとき、定性リサーチを行うとよいでしょう。誰に何を行い、どうしたら課題が解消したと言えるのかが見えてくると思います。

　第6章の「図表6-8　人事施策が成果に繋がるまで」にあるように、施策は行っただけでは効果は出ません。
　トップが発信し、管理職が発信することで、従業員が認識し、従業員の態度や行動が変化し、集団レベルの成果に繋がります。
　成果に繋がらない場合は、施策を実施した後、施策を変更したり、広がらない原因が何かを確認し、社内広報を行っていく必要があります。

　意識調査で客観的に分かる数値と照らし合わせたり、KPIに設定したりすることも重要です。データも大切ですが、現場の声を聴き続けることを忘れないようにしましょう。

　以上が、自社の状況を把握するための3つのリサーチ方法になります。

第7章　実践！　自社のアクションプランの作り方

5 アクションプランの作成

　女性活躍・課題分析リサーチができると、第5章でお伝えした5つの
ステップのうち、自社が今どのステップにいるのか、そしてどこに課題
を抱えているのかを把握することができると思います。

　実践に向けて、**女性活躍・課題分析リサーチ**の結果から見えてきた、
自社が解決するべき課題と、実行するべき施策をアクションプランに落
とし込んでいきましょう。
　ここから使用するワークシートは、次のQRコード
からダウンロードしていただくことができます。ぜひ
ご活用ください。

ワークシートが
ダウンロードできます

　まずはワークシート①（図表7-9）を参考に、自社のステップと、社
員の状況、環境をまとめてみましょう。
　数値リサーチにて、どのステップに当てはまっていたのかを記載し、
定性リサーチで見えてきた状況を書き込みましょう。

　次に、1－2年で優先して取り組んでいきたいことをまとめます。
　ワークシート②（図表7-10）に沿って、「優先する対象」、「優先する
項目」、「理想の状態」、「この1－2年で取り組みたい重点施策案」、「達
成状況を確認できる数値・KPI」を記入していきましょう。図表7-10
の記入例も参考にしてみてください。

　優先順位を明確にしたところで、女性管理職パイプライン構築のため
に、各段階の施策をまとめていきます。

　第5章でまとめている、ステップ別の施策例を参考にしながら、ワー
クシート③（図表7-11）の表を埋めていきましょう。

図表7-9　ワークシート①記入例

					活躍・管理職
当事者の感情	働き続けたいと思う	産休・育休 （子育てしても）働き続けられそうだと思う	復帰・就業継続 （子育てしながら）働き続けようと思う		働き続け、キャリアアップできると思う
要素	仕事へのモチベーション	環境	仕事へのモチベーション×環境		仕事へのモチベーション×環境×評価（自信）
	⬆	⬆	⬆	⬆	⬆
	【ステップ0】採用拡大期	【ステップ1】意識醸成期	【ステップ2】両立実践期	【ステップ3】活躍へのシフト期	【ステップ4】キャリアアップ期	【ステップ5】エグゼクティブ育成期 ※更なる上位管理職の育成

優先すべき課題	①若手	①育児期 ②若手	①育児期 ②若手 ③管理職育成	①管理職育成 ②育児期 ③若手	①エグゼクティブ育成 ②管理職プール構築

ステップ分析結果	【ステップ3】活躍へのシフト期 育児期社員の就業継続はできているが、活躍できていない状態

〈自社の環境〉
- ・女性社員：職場に育児期の社員が増えてきて、育児をしながら就業継続していく体制はできているが女性の育児期社員は時短勤務が多く、サポート的な業務になってしまっている。
- ・上司：女性社員、育児期の社員に遠慮しすぎてしまい、責任のある仕事が任せられない。
- ・周囲の状況：時短勤務者以外は長時間労働であり、有給休暇の取得率も低い。

図表7-10　ワークシート②記入例

優先する対象は？	● 育児期社員 ● 上司
優先する施策は？	● 育児期社員の活躍支援 ● 上司のアンコン払拭・マネジメント力向上 ● 育休ペナルティの撤廃
理想の状態は？	● ●年までに、育児期社員が時短勤務でも、管理職になる人が●人になる
達成／進捗を確認できる数値・KPIは？	● 育児期社員／時短社員の管理職の人数 ● 女性社員／育児期社員が昇進試験にエントリーしている数が●％／●件になる ● 女性社員／育児期社員が管理職意欲が●％に上がっている
この1-2年の重点施策案	● 登用の制度の確認。育休ペナルティの撤廃 ● 育児期社員×上司研修 ● 上司のアンコンシャス・バイアス払拭、マネジメント力向上 ● 女性社員向け管理職任用前リーダーシップ研修 ● 女性管理職ネットワーク構築

　この表が完成すると、自社の女性活躍推進に対するロードマップにも活用する事が可能です。

図表7-11　ワークシート③

項目	現状の課題	現在行っている施策	今後行っていく施策の方向性
採用			
育成			
[育児期] 育休からの復職支援			
[育児期] 復帰後の活躍支援			
登用における支援			
登用後の女性管理職 ネットワーク			
部長相当職以上の エグゼクティブ育成			

　以上が、実践に向けた女性活躍・課題分析リサーチの方法と課題分析の観点、そしてアクションプランの作成方法になります。

　自社が取り組んでいくべき課題と、その順番や方法が明確になりましたでしょうか？

　より実践的に学びたいという方は、弊社で**「女性活躍リードコンサルタント養成講座」**を実施していますので、是非ご参加してみてください。

　女性活躍を推進していこうとすると、一筋縄にはいかないこともあるかと思います。ですが、これまで多くの企業をサポートさせていただいてきた私が言えるのは、1つずつ着実に積み上げていくことで、**3年から5年で変化していく部分が必ずある**ということです。

　まず注力するべき課題はどこなのか。そこから誰を巻き込み、どう広げていくのか。そんなことを考えながら、ぜひ一緒に取り組んでいけたらと思います。

　第8章では、「女性活躍推進の3つの視点と7つのポイント」を着実に実践している先進企業の事例をご紹介します。御社のアクションプランを作成する上での参考にされてください。

第 **8** 章

先進企業事例

本章では、女性活躍における先進企業が、実際にどのような取り組みをしているのかを、3つの視点と7つのポイントに沿ってご紹介します。

　女性活躍やダイバーシティが経営戦略にどのように紐づき、実践的な推進体制が創られているのか。また現場では、女性管理職パイプラインを構築する施策をどのように行っているのか。トップがどれだけ社内へのメッセージを発信して浸透させ、社外にも発信しているのか。この観点で素晴らしい取り組みをされ、結果も出てきている2社の企業事例をご紹介します。

女性活躍推進の3つの視点と7つのポイント

視点1　経営陣の取り組み

①企業のビジョン・目標の明確化

②能力を発揮・評価できる仕組みづくり

③現場と経営を繋げる推進体制の構築

視点2　現場（人事）の取り組み

④管理職パイプラインを意識して、段階ごとに着実に継続して行う

⑤マネジャー層のアンコンシャス・バイアスの払拭

⑥働きやすい環境の整備

視点3　社内外コミュニケーション

⑦社内外コミュニケーションを強め、社員に浸透させる／外部環境の変化を捉え、対話を行う

●日本アイ・ビー・エム株式会社

女性管理職比率の伸び悩みを打破した
育成プログラム「W50」

　日本アイ・ビー・エム株式会社（以下、日本IBM）は、1960年代には女性の積極採用を始め、男女同一賃金を実現。1970年代には女性社員の定年を男性と同じ60歳に引き上げ、1985年に育児休職制度を導入するなど、法律よりも先んじて女性活躍推進に取り組んできました。日経WOMAN誌が実施する「女性が活躍する会社ベスト100」では、6年連続でトップ10入りを果たし、2020年には1位を獲得しています。

　同社の取組みについて、①経営陣の取組み②現場（人事）の取組み③社内外コミュニケーションの3つの視点で、**日本IBM 代表取締役社長山口 明夫氏**にインタビューを行いました。

経営陣の取組み
経営戦略の中心に多様性とイノベーションを据える

堀江：私は経営と人事の現場、そして広報が三位一体となって人事政策を行っていかない限り本質的には女性活躍の人的資本経営は変わっていかないと考えています。経営戦略として女性活躍を推進されることになったきっかけについてまずは教えていただけますか。

山口：IBMにはもともと、性別や人種、宗教に関係なく個人を尊重していこうという考え方がベースにあります。それは、多様な意見を取り入れ、新しいアイディアを共有しながら、新しい視点のもとでビジネスをやっていくことこそイノベーションを起こすきっかけになるからです。企業として持続的に成長するためにはイノベーションが不可欠。だから多様性の尊重は当然という論理です。

堀江：グローバルのIBMは創業時の1911年から100年以上、ダイバーシティに取り組んできました。1914年に障がい者雇用を開始、1935年には人種や性別による格差のない給与が設定され、1943年には初の女性副社長が登場していますね。

山口：世界中のIBMが力を入れて取り組んできた中で、日本でも1987年に育児休職の制度を発表するなど、さまざまな取り組みをしてきました。遅いように見えますが、プログラムの形にしたのがそのタイミングだっただけで、根底の考え方はもっと昔から日本の中にもありました。私が87年に入社した時にはすでに女性管理職の方もいらっしゃいました。

堀江：山口社長が入社されたあと、さまざまな試みや制度によって現場が変わってきたなと感じられたタイミングはありましたか。

山口：マーケット自体が変わってきたというのはあります。「我が社の担当は男性でお願いします」というようなことがなくなりましたよね。私が入社した頃はまだ、「あのお客様に女性のエンジニアを派遣するのはダメかな」という議論が行われていましたから。2000年を超えた頃からでしょうか。取引先を含めた社会全体が、「女性活躍を含め、ダイバーシティを推進していこう」という風潮になってきましたね。

　その後、1998年には「女性のさらなる活躍支援」を目指し、社員の代表者で構成される、社長直属の諮問委員会「Japan Women's Council（以下、JWC）」の活動をスタートさせました。

現場の取組み
女性管理職パイプラインは現場と経営が伴走して創り上げる
　1998年のJWC発足以来、女性社員自らが、女性のキャリア課題の分析を行い、経営層に提言することで、現場で実現可能な解決策が検討さ

れるようになり、ボトムアップで次のようなさまざまな人事制度が実現してきました。モバイル・ワークや在宅勤務等の柔軟な働き方が社内で浸透するのに伴い、女性社員の割合も上昇しました。

〈日本IBM　主な女性活躍支援の取り組み〉

育児や介護との両立を支援する在宅勤務（1999年）

育児介護以外の事由でも利用可能に改訂（2000年）

キャリアビジョンを描くためのメンター制度（1999年）

6割、8割の働き方が選択できる短時間勤務（2004年）

女性管理職の異業種ネットワークJ-WIN発足（2005年、2007年にNPO化）

技術系女性社員の社内ネットワーク "コスモス" 発足（2005年）

コアタイムなしのフレックス短時間勤務制度（2009年）

施設内保育所「こがも保育園」を本社に開設（2011年）＊

幕張事業所に「みつばち保育園」開設（2015年）＊

＊2023年までに保育園は閉園

（出典：日本アイ・ビー・エム株式会社提供資料）

このように先進的な取り組みをしてきた日本IBMですが、女性の管理職比率が13％に到達した2014年から、約5年間ほぼ横ばいと伸び悩んだ時期がありました。

そこで、2019年より女性管理職育成のための年間プログラム「W50」を実施。

　プログラムの内容は、１年かけて、経営全般の知識から服のカラーコーディネートまで、いろんなことを学ぶワークショップの開催や役員による継続的なメンタリングを行っています。

堀江：御社では2014年ごろから女性管理職比率が13％に達していたものの、その後伸び悩んだと聞きました。女性の管理職就任を後押しするための「W50」という仕組みがあったとのことですが、トップの目から見てどのようなものですか。

山口：女性社員がマネジメントや新しいチャレンジに移行したくないという本当の理由は何なのか。その原因を追求し、「何が不安なの？」「じゃあ、どういうことをみんなで考えていけばいいのかな」ということを、ただ本気で議論し、実際に管理職になった人の声を共有していった。その共有の試みにW50という名前を付けました。形式的に研修を行って「マネジメントはこうなんですよ」と伝えたとしても、結果にはつながらなかったと思うんです。

堀江：研修ではなく経験の共有に主眼を置いたのですね。

山口：その通りです。大事にしたのは「管理職になるのが一番いいですよ」という無理強いを絶対にしないことでした。チャレンジしてみたいと思う人はチャレンジしてみればいい、というだけで、「これはあなたがマネジメントになるためのプログラムですから、絶対に不安を払拭してもらわなきゃいけないんです」みたいな話ではない。だから、いわゆる研修プログラムではない形にしました。管理職になった人の情報や経験の共有がなされないとその選択も難しくなります。なぜなら、知らないというのは怖いことですから。それは、女性だけでなく男性でも一緒。「マネジメント、僕嫌です」っていう人もいます。

堀江：山口社長ご自身も、エンジニアから、マネジメントに上がること
に抵抗がおありになったと伺いました。

山口：エンジニアが好きだったし、元々リードするのが好きではなかっ
たので、ある意味自分の殻を打ち破れていなかったのだろうと思います。

堀江：殻を打ち破れたのは何かきっかけがあったんでしょうか。

山口：自分の上司から「エンジニア以外の仕事をちょっと経験してみた
ら？」と言われて、「ああ、それならやってみるか」と思い、企画の方
に異動したんです。やってみたら、みんなに教えてもらいながら、新し
い仕事をすることが楽しかった。「ああ、これは食わず嫌いだったな」
と思ったんです。そうしたら、数年後にマネジメントの話がきて、若い
人たちが 50 人くらいいる部署だったので、活気があって楽しくて。そ
の頃にはもう、マネジメントが、エンジニアが、とは考えなくなってい
ました。

堀江：男性の場合、管理職は「やれ」と言われたらやるものだと思って
いる方が多い一方、女性の場合は選択肢があるからこそ、情報が欲しい
というところはあるのかもしれませんね。

　このプログラムが功を奏し、2014 年から 13％のまま伸び悩んでいた女
性管理職比率は 2021 年時点で 17％に上昇しています。
　また、「管理職になりたくない」とアンケートで回答していた社員が
40％から 10％に減少、2022 年度のプログラムでは参加した社員のう
ち、修了後 1 年以内に半数以上が管理職に着任するなど、大きな成果が
出ています。

管理職のマネジメントのバイアスを無くし、評価を変革

　また女性管理職パイプラインを作成する上で重要な、上司のバイアスについても解消する取組みとして、思い切った人事もされてこられました。営業の第一線に立つ役員は、従来男性が務めてきたポジションでしたが、そこに女性を任命。社長自らが、「サポートが大事、皆で温かい空気をつくるんだ」と発信することでポジティブに捉えてサポートする流れになったとのこと。

山口：たとえば、育休から復帰した女性に、男性のマネジメントが「すごく重要なポジションに空きができたからやってみないか」と声をかけたところ、女性は「子どもがいるので」と答えた。マネジメントの次の答えは「そうだよねぇ」でした。話はそれで終わってしまいます。でも後からその女性に話を聞くと、その女性は「僕もサポートするから」という答えが欲しかったと。その思いは、マネジメント側はなかなか、わからないんです。

堀江：まさにそのケースでワークをすることがありまして、男性のマネジメントの方に、「3回背中を押してください」と伝えているんです。3回「大丈夫だから」と言われて、初めて女性はチャレンジできる。

山口：それは、男性女性関係ないと思います。割合は少し下がったとしても、男性の中にも、本当はやってみたいと思うけれど、失敗した時のリスクを考えて「いやちょっと」ってなってしまう。そこで、「自分たちが責任持ってサポートするから」と言ったら「わかりました」となることもある。これは、人と人とのコミュニケーションですよね。選択できるから、しなければと思う時に、前に進む力が日本人は弱いと感じます。

堀江：本当にそうですよね。どの人にも背中を押してくれる存在がすごく重要だと思います。役員の方々、マネジャーの方々に、部下の背中を

押すときにやってもらっていることはありますか。

山口：いろいろな人に新しいポジションをお願いするときに、「私はあんなふうにできない」という人がいます。マネジメントには、そういう時に、「前の人と同じことをその人に期待するのはやめてくれ」と伝えています。例えば、事業部長を打診したときに「私、あんなに頻繁に出張したり接待して、なんてできません」と言われたら、「そんなことを求めていないから」という感覚をちゃんと話してくださいと伝えています。「あなたはあなたのやり方で頑張ってやって、新しいスタイルを確立すればいい。あなたにしかできないことがある。それぞれみな違う」ということを伝えてほしいと。男性女性の違いだけでなく、人はライフサイクルの中で、ものすごく頑張って仕事ができる時期もあれば、できない時期もあるわけです。

堀江：マネジメント側にとっては前任者を基準にしたほうが評価が楽ですが、そうはしないということですね。多様な人材をマネジメントしていく上で、評価制度を変えられたりしましたか。

山口：7年前に相対評価をやめ、振り返りとフィードバックを中心とした評価の仕組みを採用しました。現在は、四半期に1度くらいマネジャーと社員間のオープンなディスカッションの場を設けています。ある社員はここまできたけど、これ以上はできなかった。ならどうすればいいのかを話し合います。もちろん、その人のビジネスの目標を達成できたかによって給与も変わったりしますが、「成績1番の人が何％アップ」というようなことはしない。みんなで、上手く行ってその結果給与が上がるという形にしなくてはいけない。

堀江：多様な人材に活躍してもらうための評価制度なのですね。

山口：はい、個人に焦点を当てた評価をしようとみんなで決めていきま

した。その結果、最近はミーティングも減りました。営業の報告のためだけの会議というのもなし。個人が目標に対して足りていないとすると、上司が「どうやったら私があなたを助けることができるか」と聞くようにしています。「なぜできないんだ」と問い詰めるような質問はタブーにしています。

堀江：それはなぜですか？

山口：目標に届かないのは、もちろん本人の能力や環境の問題もありますが、マネジメントがサポートできていないことも問題だからです。だから、日本IBMの目標が達成できていないなら、それは最終的に私の問題。私がみんなをサポートできていないということなんです。

堀江：相対評価からの制度改定という大きな変化の時というのは、みなさん大変さを感じやすいと思います。そのあたりで難しさはありましたか？　また、どういう仕掛けで浸透させたのでしょうか。

山口：私も本当に何回も繰り返し社員にメッセージを出してきています。ラウンドテーブルもしていますし、私たちが一番重要と考えていることはこういうことだ、ということについてひたすら協議をしていますし、他のリーダーにも発言をしてもらっています。

社内外コミュニケーション
個人対個人のコミュニケーションを重要視して、経営者の感じたことをリアルタイムに共有

堀江：社内コミュニケーションはトップがまずお話をしつつ、管理職の方が実行して初めて社員の方に伝わる。社員の方は3回ぐらい聞かないと自分が聞いたと思わない傾向があるといわれます。

山口：それは、階層型の組織をイメージしているからそうなるのだと思

います。当社は全社員がフラットだから、私が思っていることを毎日のようにSlackで直接発信していく。「こうやってお叱りをうけた」とか「こういう対応はダメですね」とか「こういう考え方が大事」とか。常に全社員が見ているんですよ。

堀江：Slackでいつも思っていることを共有されているということですか。

山口：そうです。まず、「なぜそれをやりたいか」ということを、ちゃんと説明するようにしています。「なぜ」がないと、いくら素敵なメッセージを出してもダメだよねと。でも、発信内容はたわいないことも多いですよ。「今日たこ焼き食べてすごく美味しかった」とか。そこに「リーダーというのはこうあるべきだと思う」とか「今日は役員の経営会議でこういうことを言った」とかを加えていく。もちろん、「なぜか」を説明しながら。それを全社員が見ているんです。

堀江：なるほど。社員に対して「なぜ」という質問はせず、企業としては全ての決定や行動の「なぜ」に答えていくと。これは、これまでの日本の企業の逆をなされているように感じます。その上で、山口社長の脳内をみなさんにインストールしていくみたいなことが、浸透させていく上ですごく重要ということでしょうか。

山口：トップが思っていることの等身大の情報を共有することで、安心につながると思うんです。これを、公式サイトなどで、「ダイバーシティ推進について」とか「社会情勢と政府の指針が」なんてかしこまって書いたところで、あまり読んでくれないですよね。それよりも「今日色々な人と話したら、すごくいい意見もらった」と書いてみる。その上で、「海外から来ている人は『日本人は変革なんてできない』と思っているかもしれないし、日本人は『日本のこと分かってないのに何言ってんだ』と思っているかもしれない。でも、まずはアンコンシャス・バイアス、先入観を取り除いて。最初はコミュニケーションが大変かもしれ

ないけれど、一度話してみてよ。そしたら何かがそこから見つかるかも。」とかね。

堀江：素敵ですね。仕組みを作っていくというよりも、ご自身を自己開示しながら声を聞かせていくっていうことが一番かもしれないですね。

山口：仕組みよりも、個人対個人のコミュニケーションを重要視していくということですね。たとえば、障がいのある社員とお話をしたのですが、「私は会社に入って初めて障害者手帳を持ちました。今まで障害者手帳を持つことが今まで嫌でした」って言われたんです。なぜなら、自分が障がい者だと認めてしまうことになるからということだったのですが、会社に入り、制度とか仕組みの関係で持つことになったと。確かに、制度や仕組みの中で、その手続きは必要なことかもしれないのですが、個人としてその方を見たときに、障がい者かそうでないかというのは人がどこかで勝手に整理しているだけ。だから「人が決めた枠組みの中で自分がどっちに入ったということよりも、自分が今日より明日、明日より明後日、いかにいい仕事ができるかを考えて、頑張っていったらいいんじゃない？」という話をしたんです。

堀江：非常に共感します。そういう構造を作ってしまうことによって、女性であったり障がい者であったりという枠に当てはめてしまうことになりますよね。

山口：失われた30年の話とリンクしているなと思うのですが、2005年くらいまでは経済が伸びていて人口も増えていて、一括採用をし、皆同じ考え方で年次研修をやってきた。それで伸びてきたんです。それが人口が減ってきて市場が小さくなってきたらもっと多様性を認めて色々なことを変えていかなくてはならないというのに、変わってこなかった。だから、今、個を尊重する中でまさに新しいイノベーションを起こしていかないといけない。すごくいいタイミングだと思うんです。

堀江：山口社長のように柔軟なかたは前にどんどん進まれていると思いますが、まだそういった意識にならず、女性活躍の必要性が理解できないという話もあります。そういう方が意識変革していくために必要なこと、ポイントは何でしょうか。

山口：絶対に当人にしかわからないことがあります。たとえば、いくら私が頑張って女性活躍のためにプログラムを……と言っても、女性にしかわからないことがある。障がい者雇用といっても、絶対その人にしかわからないことがある。私は、3割もわかっていないと思うし、全部をわかることはできない。大切なのは、素直に「私にはわからないけれど」と伝えることで、その人たちがいろんな意見を出しやすい環境を生み出すことです。そして、お互いに意見を共有することが一番だと思います。そういう環境をいかに作るかということが、経営者の一番の仕事だと思っています。

堀江：女性活躍から派生して、他の社員にこういうことが出来始めた、というようなことはありますか。

山口：新しい働き方をどんどん追求していったことでしょうか。昔は、介護や育児などの理由がないと時短勤務ができなかったのを、特定の理由に限らずできるようにしました。働く場所もどこでも選べるようにしています。また、経験者採用については入社のときに性別や学歴は任意で、書かなくてもいいようにしています。

堀江：今まさに色々なことをやろうとされていると思うんですが、多様な人材を、と考えたときにこれからチャレンジしたいことはありますか。

山口：一人ひとりがもっと「この会社で働いて良かったな」と思ってもらえる環境をいかに作っていくか。これは永遠のチャレンジだと思って

います。

　日本IBMの取組みを、3つの視点7つのポイントで解説していきます。

　日本IBMの取り組みは、特に「①企業のビジョン・目標の明確化、②能力を発揮・評価できる仕組みづくり、③現場と経営を繋げる推進体制の構築、④管理職パイプラインを意識して、段階ごとに着実に継続して行う⑦社内外コミュニケーションを強め、社員に浸透させる／外部環境の変化を捉え、対話を行う」の5点が特に素晴らしいと感じました。

　まずグローバルのIBMが、1911年から100年以上ダイバーシティに取り組み、多様性がイノベーションに繋がるという考え方が基盤となっていること。また、他企業に先駆けて1998年には**社長直属の諮問委員会「JWC」**が発足しています。これはトップダウンで施策を実行するだけではなく、現場からの声を吸い上げ、現場の課題に合った施策を実行するという組織であり、これが正に「③現場と経営を繋げる推進体制の構築」であると言えます。

　また20年以上に及び、働き方改革を含めて、女性管理職パイプラインを構築する取組みをされています。両立支援としての「在宅勤務」や「フレックス短時間勤務」だけではなく、**活躍支援としての「メンタリング／スポンサーシップ制度」や「W50」**などの実践的なプログラムを行っています。そこで重要視していることが、不安を払拭することかと思います。　人間がチャレンジしようとするときには、足元がぐらついていたら意味がありません。自分でも大丈夫と思えるような仕掛けをする上で背中を押していくという点が、女性だけではなく人材育成全体として重要です。このような本質的な関わりをされているからこそ、女性管理職比率13%の踊り場から、更に上昇していったのだと思います。

　また評価を変革したことは、大きくマネジメント力向上のきっかけに

なったのではないでしょうか。相対評価だと、「あの人は時間が短いから」などの無意識のバイアスから評価が偏ってしまうような現象も起こりがちです。評価のあり方を変革することで、1 人 1 人に向き合い、目標も達成についても対話を行っていく。とても難しいことだと思いますが、**トップやリーダーがその意義を発信し続けたことで浸透**していっているのだと感じます。このように、何かを導入する際には必ずトップのメッセージを発信し、経営者の想いを常に開示し、社員に届くようにされる姿勢が風土醸成に繋がっていると感じます。

　グローバル企業ならではの基盤もありながら、実践されている施策はどれも各社で参考になる取り組みばかりです。トップからボトムを繋げる推進体制を作り、地道にパイプラインを創り、マネジメント力を向上していく。そして、トップが発信し続ける重要性を感じます。

第 8 章

先進企業事例

早回しキャリアで女性管理職プール人財を育成し、「なりキリンママ・パパ」で全社浸透を実現

キリンホールディングス株式会社は、2006年にキリン版ポジティブアクションを制定し、2007年に社長（当時）のトップダウンによる女性活躍に必要な施策を経営陣に提言する草の根活動「キリンウイメンズネットワーク」を発足。先進的に女性活躍推進を進めてきました。また2019年に策定した「キリングループ長期経営構想（KV2027）」において、グループ共通の価値観"One Kirin Values"に、従来の「熱意」（Passion）、「誠意」（Integrity）に加え、「多様性」（Diversity）」を追加し、世界のCSV先進企業となる」ためのドライバーは、「多様性」であると設定。またリーダー女性比率を2030年に30％にすることを掲げた長期計画を策定（2022年策定）し、経営戦略として女性活躍・DEIを積極的に推進。令和3年度「なでしこ」／ダイバーシティ経営企業100選にも選出されています。

2021年時点での女性社員比率は25.9％（新卒採用における女性社員の割合は42％）、女性管理職比率は10.9％、女性役員比率は23.1％でした。女性管理職比率は、食料品製造業平均の7.4％を上回っています。

同社の取組みについて、①経営陣の取組み②現場（人事）の取組み③社内外コミュニケーションの3つの視点で、**キリンホールディングス株式会社　代表取締役副社長・CPO、法務統括　坪井 純子氏**にインタビューを行いました。

CSV経営としてのドライバーを多様性と設定し、社内と対話する

堀江：CSV経営ということで、とても分かりやすく「グループ・マテリアリティ・マトリックス：GMM」を創られていますが、どういった経緯でここまで細かく設定しようという話になったのでしょうか。また経営戦略として、DEIを事業の中で1番インパクトの高い位置に据えている意味を改めて教えてください。

坪井：CSVとは「Creating Shared Value」の略で、日本語では「共有価値の創造」という意味になります。2011年にハーバード大学のマイケル・ポーター教授らが提唱した環境や社会課題の解決と経済活動を融合し、持続的成長の推進力としていく経営モデルです。社会と企業にとってWIN-WINになるようなバリューをクリエイトするということが経営のコンセプトとなっています。これはつまり、企業が価値創造をしない限り生き残れないということでもあります。ダイバーシティをどうやっ

	●酒類メーカーとしての責任	●健康	●コミュニティ	●環境	●他の重要課題とガバナンス
高／ステークホルダーへのインパクト／中／低	●ウェルビーイングを育むつながりと信頼の創出	●Unmet Medical Needsを満たす医薬品の提供●原料生産地と事業展開地域におけるコミュニティの持続的な発展●持続可能な生物資源の利用●持続可能な水資源の利用●容器包装資源の持続可能な循環●気候変動の克服			●アルコール関連問題への対応●食の安全・安心の確保●医薬品メーカーとしての安定供給と安全性・信頼性の確保●人権の尊重
	●脳機能のパフォーマンス向上と衰え予防の支援	●生活習慣病の予防支援●コンプライアンスの推進			●免疫機能の維持支援●労働安全衛生の確保●イノベーションを実現する人材育成●ダイバーシティ&インクルージョンの推進●コーポレートガバナンスの実効性向上●リスクマネジメントの強化●個人情報の保護
	●栄養へのアクセス向上●租税の透明性確保	●食に関わる経済の活性化●持続可能な物流の構築●サイバー攻撃への対策			●健康経営の実現●活力のある職場／風土の実現●グループガバナンスの強化

低　　中　　グループの事業へのインパクト　　高

（出典：キリンホールディングス株式会社HPより〔2024年3月時点〕）

てイノベーションに繋げるのか、それが企業が生き残る、あるいは成長し続けるために必須要件だということです。社会に合わせて事業がトランスフォームしていく。だからこそ、CSVのCはコーポレートではなくクリエイティングなのです。

堀江：持続的に成長していくための指針として、「健康」「コミュニティ」「環境」、そしてそれらすべての土台となる「酒類メーカーとしての責任」と、4つのCSVパーパスを掲げていらっしゃいますね。ダイバーシティ経営の効果としても、他企業の見本となるようなプロダクト・イノベーションがなされていると思います。例えば、ノンアルコール飲料の歴史も、2009年にキリンビールが発売した世界初のアルコールフリーのビールテイスト飲料、「キリンフリー」から始まっていますね。飲酒運転が社会問題になった2007年から開発に着手されたと。まさに、社会課題の貢献と持続化可能な経済活動の融合であると感じます。CSV経営は、2012年にキリンホールディングスから打ち出された時は、世の中にほぼ流通していない言葉でしたよね。

坪井：ピーター・ドラッカーがマネジメントの3つの役割について「組織特有の社会的機能を全うする」「社員が生産的に働き、自己実現する」「社会的責任を果たす」ことだと言っていますが、CSV経営はそれを実現し、継続していくことです。現在顕在化しているニーズだけが全てとは限りません。

堀江：東日本大震災での仙台工場の被災と復興も、CSV経営そのものだと感じます。

坪井：はい。東日本大震災で被災した仙台工場は、復旧がかなり難しい状態でした。この工場を一つ閉鎖しても成立する需給状態でしたから、一時は仙台からの工場撤退の声もあがりましたが、工場の周りにはエコシステムのように他の工場やメーカーさんがあり、地域の皆様に支えら

れて事業をやってきました。被災した地域経済の復興を先導こそすれ、決して足かせになってはならないとの思いから、復旧してまた共に生きていく選択をしました。自分たちだけでは生きていけないわけですから、自社だけがよければそれでいいということではありません。

堀江：社会に生かされているからこそ、そこに還元をしていく。その考え方が脈々と受け継がれている中でのCSV経営でありDEIであるということがよく理解できました。人材の育成についても2006年からポジティブアクション規定を打ち出し、ワークライフバランスサポート休業制度やキャリアリターン制度などを制定されていますね。

坪井：人もまた、社会全体で育てるものだと思っています。社会からお預かりしているからこそ、大切に育てその力を社会のために還元していく。人間には無限の可能性があるからこそ、それを引き出していくのが会社の役割だと認識しています。これは、社内で最近言われたことではなく、キリングループとして持っている経営思想かもしれません。人財戦略の基盤となる人事の基本理念です。グループ人事の基本理念は「人間性の尊重」です。社員と会社がイコールパートナーという考え方です。

堀江：社員と会社がイコールパートナーという考え、素晴らしいですね。経営陣と社員が語り合うような機会が多くあるという印象があるのですが、意識してそういう機会を設けられているのでしょうか。

坪井：社長はもちろん、私も、いろいろなところで対話集会をやっています。コロナ禍の時はリモートでしたけど、基本的には現場に出向いていくというスタイルでさまざまな階層でやっています。こちらから会社の理念や制度について伝えることもありますし、今悩んでいることを聞いて対話をする、ということを頻繁に行っています。年に10回程度、研究所に行くこともあれば、営業現場に行くこともあります。社長を含め、本社の部長以上のクラスは、スケジュール的に忙しい中で、必ずや

るべきこととして早々にスケジュールを組みます。性別関係なく開催しますが、女性にフォーカスして開催することもあります。こちらから現場にお願いすることもあれば、現場のマネジメントから「坪井さんちょっと来て話してもらえませんか」という感じで行くこともあります。

堀江：CSV経営の浸透というところでも、社員との対話の機会は設けてらっしゃるのでしょうか。

坪井：もちろんすぐにグループに浸透していったわけではなく、10年くらいの時間がかかりました。最初は、1つの部署が掲げてやっているものだという感覚もあったと思いますが、今はグループの全社員でCSVを知らない人はいないと思います。

堀江：浸透させていくためにどう伝えていかれたのでしょうか。多くの企業の人事担当者が関心を持たれるところかと思います。

坪井：そもそも、創意工夫のない業務は一つもありません。間接的であったとしても、会社の中で主要な仕事というのは必ずキリングループとして社会の役に立つ存在意義のある何かを作り出すための仕事ですから、「全員がCSVなんだよ」ということを伝え続けてきました。もちろん、全ての社会の課題を我々で解決することはできないのですが、自分たちの強みを課題解決に繋げていくために役員もまた、「私たちは、この辺りをやれるのではないか」という議論を繰り返しています。

堀江：今、企業の成長に必要なのは『なぜ多様性に取り組むべきか』を、理解し、社会の変遷に応じて、常に変わっていくことが必要ですね。DEIやSDGsの根源につながるお話が伺えてよかったです。

現場の取組み

早回しキャリアから役員メンタリングで、プール人材から役員候補までパイプラインを構築

　キリンホールディングスの女性活躍推進の取組みは、2006年にキリン版ポジティブアクションを制定し、2007年に社長（当時）のトップダウンによる女性活躍に必要な施策を経営陣に提言する草の根活動「キリンウイメンズネットワーク」の発足。2009年からはKWN委員会が発足し、社長による経営陣への提案が行われ、「ワークライフバランスサポート休業制度」、「キャリアリターン制度」「転勤回避措置」「育休後・希望地復帰支援制度」など様々な制度が新設されるなど、先進的な取り組みを進めてきました。

　坪井：キリンホールディングスが会社として、女性活躍に本気で取り組むという強い意志を示したのは2007年、全女性社員が集合した「キリンウィメンズネットワーク（KWN）」のキックオフの時でした。特に女性は出産を機にキャリアが分断されています。職場に復帰した時にサポートできる体制を整えることと、今後もこの会社で働き続けたいと思われる会社づくりが重要でした。

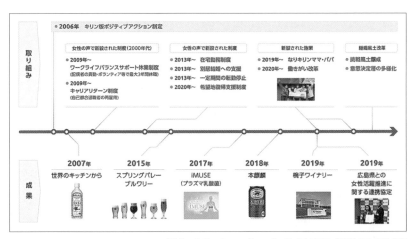

（出典：キリンホールディングス株式会社HP〔2024年3月時点〕）

第8章　先進企業事例

堀江：2006年に男女雇用機会均等法が改正された翌年ですね。社会的にも女性活躍推進の機運が高まりつつある時期に、経営陣が、全女性社員を招集し、女性だけの全社会議を開かれていらっしゃいましたね。

坪井：それまでは、入社5年目前後の女性総合職の早期離職が課題となっていて、就業継続に向けた取組が中心でした。KWNから女性社員が抱える不安や悩み、さらに課題に対する解決策を直接経営陣に届けるという地道な活動からスタートしました。出産でのブランクがあってもキャリアに復帰しやすい環境づくりを進めていきました。

堀江：御社は、昨今の採用で42％、労働者全体で26％、管理職比率は13.6％（女性活躍データベースより）。各層に対してキャリアワークショップや、キリン・ウィメンズ・カレッジなど、施策を行いながら、パイプラインを構築されています。入社5年の間にブランクがあったとしても働き続けられるキャリアを構築するという取り組みの中で、特に重要視している施策や視点があれば教えてください。

坪井：まず、ジェンダーに対するアンコンシャス・バイアスへの気づきとマインド開発を重要視しました。長期的に見た時に、ダイバーシティの取り組みがどう会社に利益をもたらすのかをマネジメントに理解してもらうところからはじめ、それを会社としてやっていくということを浸透させていきました。

堀江：2009年にはKWN推進委員から経営陣への提言が行われ、ワーク・ライフ・バランスサポート休業制度、自己都合退職後に、再入社して働くことができるキャリアリターン制度、2013年には在宅勤務制度の拡充などさまざまな制度が整備されてきました。同年、2021年長期経営構想として「KWN2021」が策定され、転勤の多い御社では、育児や介護の期間中、最大5年間は転勤を回避できる転勤回避措置なども取られていますね。

坪井：長期的にアサインメントしていくということをやっていきました。2014年には4％ほどだったグループの女性経営職（課長職相当）は現在13.6％になっています。これからは、意思決定層、つまり役員を増やしていく段階です。

堀江：若手（入社3年目）から中堅社員に対して「キャリアワークショップ」や「キリン・ウィメンズ・カレッジ」「Future Female Leader Training」など、ワークショップを開催されるなど、女性活躍推進を切れ目なく行っていると思いますが、特に効果があった施策は何でしたか。

坪井：最初は、経営職を増やすことを行っていっていました。ライフイベントがあるないに関わらず経営職を増やす為には「早回しキャリア」がとても有効でした。若い内から一皮むける経験を行うことが重要だと思っています。

堀江：早回しキャリアというのは、性別関係なく重要だと思います。しかしながら、社内には「経験資産」がそこまで多くなく、経験をさせていく事自体も難しいと言われることもあると思いますが、どのように対応されているのでしょうか。

坪井：まずは2014年頃から上司のアンコンシャス・バイアスを払拭する、マインド改革事から始めました。経験はあくまで異動だけではないので、「女性だからこの仕事はさせられない」「育成をしない」のではなく、上司が長期的に見て自分の実施していることを少し下ろしていき、部下に意識的に経験をさせていくように意識付けていくようにしました。元々3－5年で異動を行う会社なので、異動の時やアサインの時などに、意図的に早めに行っていくなどを、人材育成計画の方針として打ち出していくようにしました。このような施策を行う事によって、2013年4％から2021年11％、2022年13.6％と経営職の女性が増えました。着実にプール人材を育成することで、しっかりと押し上げられてき

第8章
先進企業事例

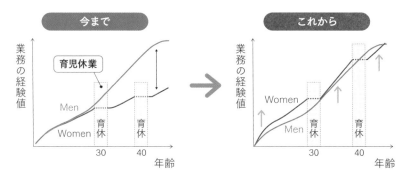

キリングループの女性活躍に向けた早回しのキャリア形成

男女ともに早期にリーダーシップを発揮できる組織風土に向けて、特に若手女性に向けては、出産・育児を迎える前に、早目に仕事経験や成功体験を積ませ、得意領域を作る「早回しのキャリア形成」を推進している。

（出典：キリンホールディングス株式会社提供資料）

ています。

経営職育成のための段階的な研修と、役員のメンタリングで意思決定層へのパイプライン構築へ

堀江：他にも経営職を増やすための施策は行っていますか。

坪井：並行した取り組みを行っています。最初の頃は、経営職が少なく、特に営業部署の方などは経営職になるイメージが湧かないという課題がありました。その際に、ウィメンズネットワークなどで、ネットワーク構築を行っていきました。このことによって、経営職になる層はある一定増えてきているように感じます。

堀江：社員は、自分のいる場所の半径25メートル程度しか見ていないと言われることがあります。自分の身の回りにいなければロールモデルはいないと思ってしまうので、ネットワーク構築はとても重要な施策ですよね。経営職以降についてパイプライン構築についてはいかがでしょうか。

坪井：経営人財の育成として、非管理職層の「キリンビジネスカレッジ」と管理職以上を対象とした「キリン経営スクール」「キリンエグゼクティブスクール」の３つのコースを持っていますが、例えば、経営スクールはこれまで手上げだったためどうしても男性が多い傾向でしたが、そこもルールを決めて必ず女性が30％以上になるようにしました。当初は、女性に勧めても「え、私なんて」というように自己肯定感が低い発言もありましたが、最近は変化を感じています。

堀江：女性活躍の面で多くの企業さんのお話をうかがっていると、管理職に上がる際の昇格試験の勉強を土日や夜に実施しなければいけなかったり、育児をしながら昇格試験のために勉強することが難しいという声も聞かれたりするのですが、昇格に向けてのサポートはどのようなことをされていますか。

坪井：座学で学ぶ内容ではなく、視座を上げた考え方を試験でみていくので、特にプライベートの時間を削って勉強するようなことではないと思います。上長が業務を通じて支援や指導を続け、会社もさまざまなプランを用意しています。例えばWEB研修で論理的思考などを学習しつつ日々の業務に活かしてもらい、１次試験で見ています。２次試験は面接で、いかに社会全体、組織全体を見ているかを把握します。これについては、女性男性は関係なく、育休時にも昇格試験を受けれるようになっているので、性別関係なくチャレンジできる仕組みになっているのではないかと思います。

堀江：経営職についてのパイプラインは、かなり構築されているのですね。その次のタイミングとして部長層など意思決定層にいく部分はいかがでしょうか。

坪井：やはり、経営職から、意思決定層に行くまでが遅くなってしまっている状況があります。経営職になったところがゴールだと考える女性

第8章 先進企業事例

が多いのも事実で、男女で数値化すると明確に出ています。今後も、経営職を増やすための総合職向けの取り組みはもちろんやるべきなのですが、経営職になった女性や若手がさらに上に行くための取り組みが重要だと思っています。

社長の発案で、役員が1人10人のメンティを持つことを実践しています。私は女性活躍推進の役割もあり、10人持っていますが、全員女性です。

堀江：役員の方がメンタリングを行うことが難しいと感じられる会社さんもありますが、役員の方から拒否するような反応はなかったでしょうか。

坪井：特にありませんでした。冒頭のお話しにもありましたが、役員は常に現場のメンバーと対話する事が多いので、自分たちなりに実践しています。メンタリングを受けた方から、視座が高まって勉強になったという意見も来ているようで、とても嬉しいです。

専門性と多様性を融合させるキャリアコース変革で、より強い人財組織へ

堀江：「女性活躍推進長期計画2030」では、多様な人材確保と成長を実感できる環境の整備、仕事と生活の両立の実現、経営職の働きがい変革、意思決定層への女性登用の4項目を重点課題に挙げられていますね。現在13.6％である女性経営職比率と現在20％である女性役員比率をそれぞれ30％にすることを掲げられてもいます。現状、達成は見えていますか。

坪井：2030年の30％については、まだ頑張らなくてはならないと思っています。ただ、24年には15％はいけるのではないかと思っています。ですから、取り組みとしてはもう一段あるかと思いますが、キャリア採用も続けておりますので、マインドセットや制度を整えることで増えていくだろうと思います。そのために働き方だけではなく、働きやす

さということを主眼に置いて、さまざまな制度を整えています。

堀江：ありがとうございます。もう一段頑張らねばとおっしゃっているものの、プール人材の育成もしっかりと行っているからこそ、達成に向けての方向性は見えているということなのですね。素晴らしいです。また女性だけではなく、全体のキャリアコースやキャリア意識の向上も重要なポイントかと思います。キャリア自律を促すために、キャリアコースについてなども工夫をされているのでしょうか。

坪井：2024年春から一部、新卒者をコース採用に変えていきます。ジョブ型に寄りすぎてしまうと、キャリアアップを行う際には転職してしまう可能性があります。また専門性を高めすぎると狭くなってしまうということも有ります。その為、自分のアンカーとしてのコースを決めながら、その要素を広げていきながら多様な経験もできるようにしていくような取り組みです。例えば私は、マーケのあと広報を行って、人事も行ってきました。私のアンカーはマーケティング。それは相手のインサイトに答えるバリューを創るという意味では、広報も人事も同じだと思っています。キャリア開発というと、専門性が先か、多様性が先か、という話になりがちですが、専門性と多様性を切り離さないことが重要だと考えています。社会で通用する強みとして専門性の軸を持ちながら、経営環境の変化に対応できる多様な視点を持った人財を育成することが主眼です。

社内外コミュニケーション

なりキリンママ・パパの全社展開で、DEIの意義が全体に浸透

堀江：営業職女性の活躍推進を目指すプロジェクトで取り組まれた、パパやママの立場を 1 ヶ月間、擬似体験するという「なりキリンママ・パパ」も話題になりましたね。弊社スリールでも「体験」を主眼に研修を行っており、管理職に育児体験を行ってもらう「育ボスブートキャンプ」というプログラムも行っています。改めて、御社にとって自分ごと

化するような効果はどれ位あったのでしょうか。

坪井：「なりキリンママ・パパ」は、子どもがいない若手社員が1ヶ月間ママになりきり、時間制約のある働き方にトライするという実証実験でした。時間の制約、子どもの保育園への送迎、突発的な対応などが発生するというリアルな想定の上で実施し、労働生産性を向上させるために奔走するというものだったのですが、「新世代エイジョカレッジ」で大賞をいただきました。

堀江：実証実験プログラムをそのまま全社展開されたのですね。

坪井：はい。実証実験で終わらせるのではなく、2019年には全社展開を始めました。擬似体験するシチュエーションを「育児」だけでなく、「親の介護」「パートナーの病気」の中から選び、時間の制約や突発事態に対応しながら1カ月間体験してもらいました。本人だけでなく周りも含め、仕事の棚卸しをして効率的に考えるという体験ができて、「こうすればチームは回る。育児中の人がいても大丈夫だ」と確信が持てたなど、成果を上げていると思います。また、全社の中で「なりキリン」を知らない人はいないと思います。

堀江：凄いですね。浸透しているという現れですね。つまりは、誰かが休んでも回るような働き方や仕組みを創っていくという意識は高まっているのですね。

坪井：そうですね。もちろんまだまだ課題はありますが、「そうあらねばならない」という意識は高まっていると思います。

堀江：広報もご専門かと思いますが、なりキリンのように、社外に取り上げられて外部から言われるようになったことで、社内に意識が浸透したなと感じる事もありますでしょうか。

坪井：それはとてもあると思います。社内だけで実施しただけでは、実施している意義や価値が理解できなかったりすることもあると思います。また他社が行っている事が「自分達にもできそう」と思えることもあると思います。また、人事の施策は競合であっても情報交換を行うことができるなと感じます。だからこそ、人を育てていく事は社会課題であり、社会で行っていく必要があると思います。

堀江：最後に、坪井様ご自身が経営層として、経営に多様性が入ることの意義をどう捉えていらっしゃるのかを教えてください。

坪井：経営には女性に限らずDEIが必要だと思っています。現在当社は中途採用も増やしていますが、そのような多様なメンバーから多様な意見が出ないと、企業は意思決定を間違ってしまいます。多様な人がいてこそ、企業は強くなる。ただ、男性役員の中に女性役員が1人というようなあまりにマイノリティな存在だと、発言しにくいのも事実です。これについては、経営層が取り組んでいく必要がありますね。

　多様性については、以前は、女性に対して「いてもいい」というような捉え方がなされていました。これは、男性がマジョリティで女性がマイノリティという捉え方だったから、女性は能力不足だけれども「いてもいい」だった。でも、今はそうではありません。多様な人材は「いた方がいい」のです。これからの企業は、専門性やジェンダー、国籍など、異なる強みや軸を持つ人が集まった経営チームでなければ存続できないのですから。

解説

　キリンホールディングスの取組みを、3つの視点7つのポイントで解説していきます。
　キリンホールディングス株式会社は、特に「①企業のビジョン・目標

の明確化、③現場と経営を繋げる推進体制の構築、④管理職パイプライン を意識して、段階ごとに着実に継続して行う⑤マネジャー層のアンコンシャスバイアスの払拭⑦社内外コミュニケーションを強め、社員に浸透させる／外部環境の変化を捉え、対話を行う」の５点が素晴らしいと感じました。

　まず、CSV経営を打ち出し、３つの軸にダイバーシティを据えており、経営者自らが現場に赴き対話を行い、浸透させていることが基礎になっていると感じます。『なぜ多様性に取り組むべきか』を、理解し、社会の変遷に応じて、常に変わっていく姿勢の本気度が伝わります。またその体現として**「なりキリンママ・パパ」**を全社で展開し体感させるところまで行っているという点が正に、「①企業のビジョン・目標の明確化」と「⑦社内外コミュニケーションを強め、社員に浸透させる」であると感じます。

　また女性管理職パイプライン構築において、とても重要である**プール人材の構築**も含めて進めていくことで、強固なパイプラインが創られています。第４章でも述べていますが、昭和型の人事制度の場合、どうしてもライフイベントがある女性は育休ペナルティが起こり、昇格が遅れてしまう構造になっています。そこを解消するのは、昇格に関わる制度の変更と共に、早期に経験を積むことです。**５年までにリーダー経験や一皮むける経験**を行うことが、本人の昇進意欲にも、実際の昇進にも影響します。キリンホールディングスの場合は、性別関係なく、早回しで経験を積ませることを意識させるということを上司層に伝えていますが、この施策自体が、早期に上司のジェンダーバイアスを解消する機会にも繋がります。「女性だから無理だと思ってアサインしていなかったが、実際はそんな事がなかった」等の気づきが起こります。これを育児期以降にタフアサインメントを行うと、時間的体力的な制約もあり難しい部分も出てきます。だからこそ、早回しで育成することは、様々な方向でメリットがあるのです。女性管理職を増やすとなると、どうしても

「まずは管理職に上げることから…」ということで、その施策に集中しがちです。しかしそうなると、数年後に蓋を開けてみたら「対象になるような社員がいない…」とプール人材が育成されていないと焦る企業もいます。プール人材構築の意識を持ちながら施策を行うと、強固なパイプラインが構築できるのです。

　最後に、やはり「なりキリンママ・パパ」の有効性についてです。前述では、ダイバーシティの意識浸透に役立っている点について述べていますが、この施策は働き方改革という側面でも大変有効です。このプログラムは、お迎え要請が来た場合15時でも退社をしていくという内容になっています。つまり**「指定された2週間のうち、上司も含めていつ誰が15時に帰るか分からない」**中で仕事をすることになるのです。その為、その危機を乗り切るために、チームで仕事を持ってみたり、情報共有を行えるようにしてみたりと組織が動くようになります。また実際に上司が15時に帰っても、意外に大丈夫！という成功体験も得られることで「誰が帰っても大丈夫なような仕組みを創れば、強固な組織になる」という意識が生まれていきます。そうなると、通常の業務自体にも改善をしていくという動きが出てきます。これが本質的な組織改革に繋がるのです（弊社で行っている「育ボスブートキャンプ」は、更に実際に育児体験していただいています）。なりキリンママ・パパも含めて**「管理職が体験をすること」**が大きな影響があると感じます。社員は全員（自分も含めて）、プライベートがある中で仕事に来ていて、仕事は生活の一部でしかない。だからこそ、仕事の質を高めながら、効率的に行い、従業員の生活の質を高めるにはどうすれば良いのか？これを考えられる会社が、強い組織に繋がり、選ばれる会社になるのだと考えます。

引用・参考文献

邦文

荒木淳子, 正木郁太郎, 松下慶太, 伊達 洋駆 (2017).「企業で働く女性のキャリア展望に影響する職場要因の検討」『経営行動科学』30 (1), pp.1-12.

石井清香 (2016).「日本企業における女性管理職登用と昇進構造－平成 19 年男女雇用機会均等法改正以降の女性管理職登用の実態－」『立教 DBA ジャーナル』vol.7, pp.27-46.

石川淳 (2016).『シェアド・リーダーシップ：チーム全員の影響力が職場を強くする』中央経済社.

石川淳 (2022).『リーダーシップの理論』中央経済社.

今田幸子, 平田修一 著／奥田健二 監修 (1995).『ホワイトカラーの昇進構造』日本労働研究機構.

入江崇介 (2023).「シェアド・リーダーシップ概論―リーダーシップ研究の変遷と共に―」(https://www.recruit-ms.co.jp/issue/feature/0000001123/?theme=workplace)

岩本 隆 (2021).「人材資本主義の新潮流 第 1 回 金融資本主義から人材資本主義へ」『CHRO FORUM』(https://forum.cfo.jp/chroforum/?p=19122/)

HR テクノロジーコンソーシアム (2022).『戦略的人的資本の開示 運用の実務』日本能率協会マネジメントセンター

エドワード・L. デシ, リチャード フラスト (1999)『人を伸ばす力―内発と自律のすすめ』新曜社

大久保幸夫, 石原直子 (2014).『女性が活躍する会社』日経文庫.

大内 章子, 奥井めぐみ, 脇坂 明 (2017).「男女の配置転換経験の違いは昇進格差を生むのか：企業調査と管理職・一般従業員調査の実証分析より」『ビジネス＆アカウンティングレビュー』vol.20, pp.71-88.

岡田幸士 (2024).『図解 人的資本経営 50 の問いに答えるだけで「理想の組織」が実現できる』ディスカヴァー・トゥエンティワン.

小倉加奈子 (2015).「乳児を持つ妻から夫への援助要請が抑制される心理的プロセス：「夫は言わなくてもわかるだろう」という認知に着目して」『家族心理学研究』28 (2), pp.107-119.

川口 章 (2012).「昇進意欲の男女比較」『日本労働研究雑誌』54(2・3), pp.42-57.

Great Place To Work (2017).「女性管理職比率が高い会社と、従業員の働きがいは関係があるのか？」(https://hatarakigai.info/library/analysis/20170601_114.html#anc-01)

経済産業省 (2014).「「持続的成長への競争力とインセンティブ～企業と投資家の望ましい関係構築～」プロジェクト (伊藤レポート)」(https://www.meti.go.jp/policy/economy/keiei_innovation/kigyoukaikei/pdf/itoreport.pdf).

経済産業省 (2017).「ダイバーシティ 2.0 行動ガイドライン」(https://www.meti.go.jp/policy/economy/jinzai/diversity/h30_guideline.pdf).

経済産業省 (2020).「持続的な企業価値の向上と人的資本に関する研究会報告書（人材版伊藤レポート）」(https://www.meti.go.jp/shingikai/economy/kigyo_kachi_kojo/pdf/20200930_1.pdf)

経済産業省（2021）.「【改訂版】ダイバーシティ経営診断シートの手引き」（https://www.meti.go.jp/policy/economy/jinzai/diversity/turutebiki.pdf）.

経済産業省（2022）.「人的資本経営の実現に向けた検討会 報告書（人材版伊藤レポート2.0）」（https://www.meti.go.jp/policy/economy/jinteki_shihon/pdf/report2.0.pdf）

厚生労働省（2016）.「女性の活躍推進企業データベース」（https://positive-ryouritsu.mhlw.go.jp/positivedb/）.

厚生労働省（2021）.「令和3年雇用動向調査」（https://www.mhlw.go.jp/toukei/itiran/roudou/koyou/doukou/22-2/dl/kekka_gaiyo-05.pdf）.

厚生労働省（2022）.「毎月勤労統計調査 令和3年分結果速報 毎月勤労統計調査 令和3年分結果速報.（https://www.mhlw.go.jp/toukei/itiran/roudou/monthly/r03/21cp/21cp.html）.

国土交通省（2021）.「令和3年版 国土交通白書」（https://www.mlit.go.jp/statistics/hakusyo.mlit.r3.html）.

国立女性教育会館（2017）.「男女の初期キャリア形成と活躍推進に関する調査～パネル調査による入社1年目と2年目の比較～」.

国立女性教育会館（2020）.「令和元年度男女の初期キャリア形成と活躍推進に関する調査（第五回調査）報告書」.

J. P. コッター（2009）.『ビジネス・リーダー論』ダイヤモンド社

サイボウズ（2022）.「ワークスタイル」（https://cybozu.co.jp/company/work-style/）

坂爪洋美, 高村静（2020）.『管理職の役割』（シリーズ ダイバーシティ経営）中央経済社.

サニー・S. ハンセン（2013）『キャリア開発と統合的ライフ・プランニング―不確実な今を生きる6つの重要課題』福村出版.

産労総合研究所（2021）.「第8回 人事制度等に関する総合調査」（https://www.e-sanro.net/research/research_jinji/jinjiseido/jinjiseidonado/pr2102.html）

30% Club Japan（2019）.「30% Club Japan公式サイト」（https://30percentclub.org/chapters/japan-2/）

社会経済生産性本部（2012）.『日本的人事制度の現状と課題』.

周燕飛（2014）.「育児休業が女性の管理職登用に与える影響」『男女正社員のキャリアと両立支援に関する調査結果（2）―分析編―』（JILPT調査シリーズ）No.119, 167-182.

吹田市役所（2008）. 平成20年版 吹田市統計書（https://www.city.suita.osaka.jp/shisei/1019075/1019079/1005459.html）.

スリール（2017）. 両立不安白書（https://sourire-heart.com/ryoritsufuan/）.

関孝哉（1998）.「カルパースの対日コーポレート・ガバナンス原則」『旬刊商事法務』1488号 1998年4月15日号

高木修（1997）.「援助行動の生起過程に関するモデルの提案」『社会学部紀要』29（1）, pp.1-21.

高橋潔（2001）.「雇用組織における人事評価の公平性」『組織科学』34（4）, pp.26-38.

高村静（2018）.「構成員のワーク・ライフ・バランスにつながる管理職の行動特性」『日本労働研究雑誌』No,691, pp.67-81.

武石恵美子（2014）.「女性の昇進意欲を高める職場の要因」『日本労働研究雑誌』No.648, pp.33-47.

武石恵美子（2014a）.「女性の仕事意欲を高める企業の取り組み」佐藤博樹・武石恵美子編『ワーク・ライフ・バランス支援の課題：人材多様化時代における企業の対応』東京大学出版会，pp.15-33.

武石恵美子（2016）.『雇用システムと女性のキャリア』勁草書房.

武石恵美子（2019）.「女性の意欲や職場パフォーマンスを高める管理職の要因に関する研究」『生涯学習とキャリアデザイン』16（2），pp.87-101.

田中健吾，小杉正太郎（2003）.「企業従業員のソーシャルスキルとソーシャルサポート・コーピング方略との関連」『産業ストレス研究』10（3），pp.195-204.

田中健吾（2007）.「ソーシャルスキルと職場ストレッサー・心理的ストレス反応との関連」『大阪経大論集』58（1），pp.253-261.

デイビッド・ウルリッチ（1997）.『MBAの人材戦略』日本能率協会マネジメントセンター.

東京証券取引所（2021）.「コーポレートガバナンス・コード〜会社の持続的な成長と中長期的な企業価値の向上のために〜」（https://www.jpx.co.jp/news/1020/nlsgeu000005ln9r-att/nlsgeu000005lne9.pdf）

内閣官房（2022）.「人的資本可視化指針」（https://www.cas.go.jp/jp/houdou/pdf/20220830shiryou1.pdf）.

内閣府（2023）.「女性版骨太の方針（女性活躍・男女共同参画の重点方針）」（https://www.gender.go.jp/policy/sokushin/sokushin.html）.

内閣府男女共同参画局（2021）.男女間賃金格差（我が国の現状）.（https://www.gender.go.jp/research/weekly_data/07.html）.永井智（2013）.「援助要請スタイル尺度の作成」『教育心理学研究』，61（1），pp.44-55.

永井知子，浜崎隆司（2018）.「母親の被援助志向性と援助を求めにくい理由の関連―身近な人と保育者に注目して―」『兵庫教育大学教育実践学論集』第19号，pp.87-96.

中原淳（2014）.『研修開発入門―会社で「教える」、競争優位を「つくる」』ダイヤモンド社.

中原淳（2023）.『人材開発・組織開発コンサルティング―人と組織の「課題解決」入門―』ダイヤモンド社.

中原淳，島村公俊，鈴木英智佳，関根雅泰（2018）.『研修開発入門 「研修転移」の理論と実践』ダイヤモンド社

中原淳，トーマツ イノベーション（2018）『女性の視点で見直す人財育成』ダイヤモンド社.

中原淳，中村和彦（2018）.『組織開発の探究』ダイヤモンド社.

西村智，呼敏娜（2017）.「非管理職女性の昇進意欲の決定要因」『経済学論究』70（4），pp.25–49.

21世紀職業財団（2013）.「育児をしながら働く女性の昇進意欲やモチベーションに関する調査」第4章.

日本労働研究機構（1997）.『国際比較：大卒ホワイトカラーの人材開発，雇用システム日英米独の大企業―日、英、米、独の大企業―（1）事例調査編』調査報告書，No.95，No.111.

日本労働研究機構編（1993）『大企業ホワイトカラーの異動と昇進―「ホワイトカラーの企業内配置・昇進に関する実態調査」結果報告―』調査研究報告書、No.37

野原理子，冨澤康子，齋藤加代子（2017）「保育園児の病欠頻度に関する研究」（https://www.jstage.jst.go.jp/article/jtwmu/87/5/87_146/_pdf/-char/ja）

パーソル総合研究所（2019a）．「労働市場の未来推計2030」（https://rc.persol-group.co.jp/thinktank/spe/roudou2030/）

パーソル総合研究所（2019b）．「APAC就業実態・成長意識調査」（https://rc.persol-group.co.jp/thinktank/data/apac_2019.html）．

パーソル総合研究所（2019c）．「特別号 HITO REPORT vol.7（2019年10月発刊）True Colors 日本的タレントマネジメントの可能性」（https://rc.persol-group.co.jp/thinktank/hito/hito-report-vol7.html）．

濱口桂一郎（2021）．『ジョブ型雇用社会とは何か―正社員体制の矛盾と転機―』岩波新書.

パーソル総合研究所（2020）．「マネジメントにおけるアンコンシャス・バイアス測定調査」（https://rc.persol-group.co.jp/thinktank/data/unconscious-bias.html）．

濱口桂一郎（2023）．「ジョブ型とメンバーシップ型の世界史的源流」『三田評論ONLINE』（https://www.mita-hyoron.keio.ac.jp/features/2023/02-2.html）

林順一（2017）．「社外取締役の活用とコーポレートガバナンス～日米での議論の歴史」北川哲雄編著『ガバナンス革命の新たなロードマップ』東洋経済新報社

久田満（1987）．「ソーシャル・サポート研究の動向と今後の課題」『看護研究』20（2），pp.170-179.

PRI（2021）．「責任投資原則」（https://www.unpri.org/download?ac=14736）

ピースマインド（2019）．「【調査分析】女性管理職比率の向上が従業員のウェルビーイングにポジティブな影響」（https://www.peacemind.co.jp/newsrelease/archives/327）．

本田真大，新井邦二郎（2010）．「幼児をもつ母親の子育ての悩みに関する援助要請行動に影響を与える要因の検討」『カウンセリング研究』43（1），pp.51-60.

本田真大，三鈷泰代，八越忍，西澤千枝美，新井邦二郎，濱口佳和（2009）．「幼児をもつ母親の子育ての悩みに関する被援助志向性の探索的検討－身近な他者と専門機関に相談しにくい理由の分析」『筑波大学心理学研究』No,38，pp.89-96.

ミツカリ「若手人材の早期離職によるコストは600万円以上！損失額の内訳を知ろう」（https://mitsucari.com/columns/cost）

松尾睦（2019）．『部下の強みを引き出す 経験学習リーダーシップ』ダイヤモンド社.

松尾睦（2013）．『成長する管理職―優れたマネジャーはいかに経験から学んでいるのか―』東洋経済新報社

松繁寿和，武内真美子（2008）．「企業内施策が女性従業員の就業に与える効果」『国際公共政策研究』13（1），pp.257-271.

八代充史.（1995）.『大企業ホワイトカラーのキャリア』日本労働研究機構.

安田宏樹（2009）．「総合職女性の管理職希望に関する実証分析―均等法以降入社の総合職に注目して―」『経済分析』No.181，pp.23-45.

安田裕子，サトウタツヤ（2012）．『TEMでわかる人生の径路：質的研究の新展開』誠信書房．

リクルートワークス研究所（2010）．「ワーキングパーソン調査2010 基本報告書」（https://www.works-i.com/research/works-report/item/s_000171.pdf）．

リクルートワークス研究所（2015）.「米国の"今"に学ぶ「インクルージョン」の本質」, 『Works』128号.

リクルートワークス研究所.（2013）.「提案　女性リーダーをめぐる日本企業の宿題」.

リクルートマネジメントソリューションズ（2019）.「職場におけるソーシャル・サポート実態調査」.

リンクアンドモチベーション（2020）.「「従業員エンゲージメントの近年の傾向」に関する研究」（https://www.lmi.ne.jp/about/me/finding/filedownload.php?name=10b95a0ed16fd7227358769ab6b6aebe.pdf）

労働政策研究・研修機構（2012）.『大企業における女性管理職登用の実態と課題認識―企業人事等担当者及び女性管理職インタビュー調査―』.

労働政策研究・研修機構（2013）.『男女正社員のキャリアと両立支援に関する調査2012』.

労働政策研究・研修機構（2015）.『「採用・配置・昇進とポジティブ・アクション」に関する調査報告書』.

労働政策研究・研修機構（2020）.『女性活躍と両立支援に関する調査』.

若林満, 宗方比佐子（1987）.「女性管理職とリーダーシップ」『組織科学』21 (3), pp.19-31.

脇坂明（2009）.「個人の幸せと企業の発展を実践するワーク・ライフ・バランス」『労働調査』第13回労働調査セミナー.

事例参照記事

「株式会社陣屋：倒産寸前の老舗旅館　データを使いこなす接客人材を育てた経営者と女将の取り組みとは」リクルートワークス研究所（https://www.works-i.com/project/dx2021/real/detail004.html）（2021年9月27日）

サイボウズ株式会社HP：多様な働き方へのチャレンジ（https://cybozu.co.jp/company/work-style/）

「「働いている私」が飲んでも恥ずかしくないお酒を…働く女性と氷結の意外な関係って？」ウートピ（https://news.livedoor.com/article/detail/15905698/?fbclid=IwAR0C3E2xk1d5jtqHNa-o3_QhdnOt04af9Oy52QoMag7wIVZL4AIuseak1HQ）（2019年1月21日）

日経BP（2023）「味の素、女性活躍を皮切りに全社員のキャリア自律推進で手応え」（https://project.nikkeibp.co.jp/HumanCapital/atcl/column/00065/012700008/）

けんせつ小町HP：https://www.nikkenren.com/komachi/index.html

山田進太郎D&I財団HP：https://www.shinfdn.org/

日経BP（2022）「SCSK、女性管理職100人達成の次は経営人材育成に着手」（https://project.nikkeibp.co.jp/HumanCapital/atcl/column/00065/022200002/）

英文

Albrecht, J. W., P. Edin, M. Sundstrom & S. Vroman (1999) "Career Interruptions and Subsequent Earnings: A Reexamination Using Swedish Data", Journal of Human Resources, Vol. 34 (2), pp.294-311.

AjzenI, I. (1991). "The Theory of Planned Behavior", Organizational Behavior and Human Decision Processes, 50, pp.179-211.

Allen, T. D. (2001). "Family- supportive work environments: The role of organizational perceptions", Journal of Vocational Behavior, 58, pp.414-435.

Byrnes, J. P., David C. Miller & W. D. Schafer (1999). "Gender differences in risk taking: A meta-analysis", Psychological Bulletin, 125 (3), pp.367-383.

Catalyst (2007). "the bottom line: corporate performance" (https://www.catalyst.org/wp-content/uploads/2019/01/The_Bottom_Line_Corporate_Performance_and_Womens_Representation_on_Boards.pdf)

Charan, R., S. Drotter & J. Noel (2001). The Leadership Pipeline: How to Build the Leadership Powered Company, Jossey-Bass.

Correll, S. J. (2004). "Constraints into Preferences: Gender, Status, and Emerging Career Aspirations," American Sociological Review Vol 69, Issue 1.

DePaulo, B. M., J. D. Fisher & A. Nadler (1983). New Directions in Helping, Vol. 3 Applied Perspectives on Help-Seeking and -Receiving. New York: Academic Press, pp.3-12.

Dwyer, P. D. , J. H. Gilkeson & A. L. John (2002). "Gender differences in revealed risk taking: evidence from mutual fund investors", Economics Letters, 76, pp.151–158.

Eagly, A. H. & W. Wood (2012). "Social role theory", Handbook of theories of social psychology, pp.458–476.

Eagly, A. H. (1987). Sex differences in social behavior: A social-role interpretation, Lawrence Erlbaum Associates, Inc.

GALLUP (2023) State of the Global Workplace: 2023 Report.

George, B. (2003). Authentic leadership: Rediscovering the secrets to creating lasting value (Vol. 18), John Wiley & Sons. (B. ジョージ (2004).『ミッション・リーダーシップ：企業の持続的成長を図る』日本生産性本部)

Greenberg, J. (1987). "A Taxonomy of Organizational Justice Theories", Academy of Management Review, 12 (1), p.22.

Greenleaf, R. K. (1977). Servant leadership, Paulist Press.

GSIR (2022). "Global Sustainable Investment Review 2022" (https://www.gsi-alliance.org/members-resources/gsir2022/)

Hammer, L. B., E. E. Kossek, N. L. Yragui, T. E. Bodner & Hanson, G. C. (2009). "Development and Validation of a Multidimensional Measure of Family Supportive Supervisor Behaviors (FSSB)", Journal of Management, 35, pp.837–856.

Heslin, P. A., D. Vandewalle & G. P. Latham (2006). "Keen to help? Managers' implicit person theories and their subsequent employee coaching", Personnel Psychology, 59, pp.871–902.

Huczynski, A. A & J. W. Lewis (1980). An empirical study into the learning transfer process in management training. Journal of Management Studies. Vol.17 pp.227-240.

Ibarra, H. (1993). "Personal Networks of Women and Minorities in Management: A Conceptual Framework", Academy of Management Review, 18 (1), pp.56-87.

Ibarra, H., Nancy M. Carter, & Christine Silva (2010). "Why Men Still Get More Promotions Than Women" Harvard Business Review, September 2010

Judiesch, M. K. & K. S. Lyness (1999). "Left Behind? The Impact of Leaves of Absence on

Managers' Career Success", Academy of Management Journal, 42 (6), pp.641-665.

Kanter, R. M. (1977). Men and Women of the Corporation, Basic Books.

Karabenick, A. & J.R. S. Knapp (1991). "Relationship of academic help seeking to the use of learning strategies and other instrumental achievement behavior in college students", Journal of Educational Psychology, 83, pp.221-230.

Kingson, J. A. (1988). "Women in the Law Say Path is Limited by 'Mommy Track' ", The New York Times, Aug8.

Kling,K. C, J. S.Hyde, C. J. Showers & B. N. Buswell (1999). "Gender differences in self-esteem: A meta-analysis", Psychological Bulletin, 125 (4), pp.470–500.

Lange, Paul A. M. Van, Arie W. Kruglanski & E. Tory Higgins (2011). Handbook of Theories of Social Psychology, Sage.

LikertRensis (1967). The Human Organization: Its Management and Value, McGraw-Hill.

Lind, E. A. & T. R. Tyler (1988). The Social Psychology of Procedural Justice, Plenum.

Lu, J. G. (2021). "A social network perspective on the bamboo ceiling: Ethnic homophily explains why East Asians but not South Asians are underrepresented in leadership in multiethnic environments.", Journal of personality and social psychology, 122 (6), pp.959–982.

Lyso, Mjoen & Levin (2011). Using collaborative action learning projects to increase the impact of management development.International Journal of Training and Development. Vol.15, pp.210-225.

Mazei, J., H. Joachim, A. F. Philipp, F. S. Alice, B. Lena & H. Guido (2015). "A meta-analysis on gender differences in negotiation outcomes and their moderators", Psychological Association, 141 (1), pp.85-103.

McCarthy,D. C. & G. A. Grady (2010). "Work-Life Balance Policy and Practice: Understanding Line Manager Attitudes and Behavior", Human Resource Management Review, 20 (2), pp.158-167.

Mincer, J. & H. Ofec (1982)." Interrupted Work Careers: Depreciation and Restoration of Human Capital", Journal of Human Resources, 17 (1), pp.3-24.

Niederle, M. & L.Vesterlund (2008a). "Gender Differences in Competition" Negotiation Journal, 24 (4), pp.447-463.

Niederle, M. & L. Vesterlund (2008b). "Do women shy away from competition? Do men compete too much?", Quarterly Journal of Economics, 122 (3), pp.1067–1101.

OCEAN TOMO (2020). 「INTANGIBLE ASSET MARKET VALUE STUDY」 (https://oceantomo.com/intangible-asset-market-value-study/)

Pearce, C. L., & J. A. Conger (2003). "All those years ago", Shared leadership: Reframing the hows and whys of leadership, Sage, pp.1-18.

PsyScale (2019). 「Sponsors: Valuable Allies Not Everyone Has」 (https://www.payscale.com/research-and-insights/mentorship-sponsorship-benefits/)

Purcell, J. & H. Sue (2007). "Front-line managers as agents in the HRM-performance causal chain: theory, analysis and evidence", Human Resource Management Journal, 17 (1), pp.3-20.

PwC Global Human Capital Gender Advisory Council (2008). The leaking pipeline: Where are our female leaders? 79 women share their stories.

Reichers, A. E. & B. Schneider (1990). "An evolution of constructs", In B. Schneider (Ed.). Organizational climate and culture, pp.5-39.

Rosenbaum, J. E. (1979). "Organizational Career Mobility: Promotion Chances in a Corporation during Periods of Growth and Contraction", American Journal of Sociology, 85 (1), pp.21-48.

Rosenbaum, J. E. (1984). Career Mobility in an Corporate Hierarchy, Academic Press.

SASB (2020). "RESEARCH PROJECT Human Capital" (https://sasb.ifrs.org/wp-content/uploads/2020/12/Human-Capital_Executive-Summary_2020-December_FINAL.pdf)

Schwartz, Felice N. (1989). "Management Women and the New Facts of Life", Harvard Business Review, January–February 1989

Spreitzer, G. M. (1995). "Psychological Empowerment in the Workplace: Dimensions, Measurement, and Validation", The Academy of Management Journal, 38 (5), pp.1442-1465.

Srebnik, D., A. M. Cause & N. Baydar (1996). "Help-Seeking Pathways for Children and Adolescents", Journal of Emotional and Behavioral Disorders,4, pp.210-220.

Straub, C. (2012). "Antecedents and organizational consequences of family supportive supervisor behavior: A multilevel conceptual framework for research", Human Resource Management Review, 22 (1), pp.15-26.

The IFRS Foundation (2023). "The SASB Standards" (https://sasb.org/standards/)

The WFE Research Team (2018). "WFE ESG Guidance and Metrics Revised June 2018" (https://www.world-exchanges.org/our-work/articles/wfe-esg-revised-metrics-june-2018)

Tinsley, C. H. & R. J. Ely (2018). "What Most People Get Wrong About Men and Women: Research Shows the Sexes Aren't So Different", Harvard Business Review, 96 (3)(May-June 2018), pp.114-121.

WEF (2023). "Global Gender Gap Report 2023" (https://www.weforum.org/publications/global-gender-gap-report-2023/)

Zhu, J., Z. Liao, K. C. Yam & R. E. Johnson (2018). "Shared leadership: A state－ofthe－art review and future research agenda", Journal of Organizational Behavior, 39 (7), pp.834-852.

おわりに

　最後までお読みいただき、ありがとうございます。

　第1部の理論編では、世界の潮流から、日本の歴史的背景、女性が管理職になりづらい理論的背景を、第2部の実践編では、経営・広報・人事が具体的に何を行って行くのかを、女性管理職パイプラインに沿って解説し、その中の第7章では、実際のアクションプランを作る上でのリサーチ方法や**データ**の使い方などを解説してきました。

　特に理論編は、世界の動きや日本の歴史、組織への効果、人事制度の構造まで、とてもボリュームが多かったと思います。また様々な視点から解説してきましたので、読みながら頭が疲れたと思われた方も多いかもしれません。

　ただ、今回は、ここまで全てお伝えしたかったのです。

　なぜなら、経営戦略としてダイバーシティ・女性活躍を推進するためには、この全ての視点を理解していないと、経営者や社員と対峙できないからです。

　「政府が目標を掲げている」「ESG投資が増えてきている」という「今」を切り取って伝えるだけではなく、なぜ今こんな議論がされてるのかの「背景」や、なぜ現在の人事制度になっているのかという「過去」を丁寧に伝えていくことで、「本当に変化していく必要がある」と理解ができるのです。

　また、その理論と合わせて、第7章でお伝えしたリサーチのデータを用いて説明することで、より自社の状況を理解することができるのです。

　実践編では、その課題に沿った施策について、現場だけではなく、経営や広報も含めて何を実践するのかを、立体的にお伝えすることで、網

羅的にお伝えできる様に意識しました。

　まさに、私が14年間培ってきたノウハウを一つにまとめたチャレンジングな一冊だと思っています。

　ポイントは経営戦略に基づいた人材戦略に「女性活躍・ダイバーシティ推進」を入れていくことです。

　言葉で発信するだけではなく、KPIや推進体制を整えながら、社内外に広報し、継続した施策を続けていく事で、驚くほど改革が進んでいきます。

　理論・実践・データを武器にしながら、本書を活用していただけたら嬉しいです。

　また、すでに推進体制ができている企業の場合は、本質的な施策についてアクションプランを作りながら、取り組んでいただくヒントとしてください。施策について、もっと詳しく知りたいということなどがありましたら、是非ご相談ください。

　本書を書く上で、特に4章の部分は、2022年3月に卒業した、立教大学大学院 経営学研究科 経営学専攻 リーダーシップ開発コース（通称LDC）の修士論文（LDCでは「プロジェクト報告書」と言います）を元に執筆をしています。

　LDCとは、人材育成・組織開発に特化した大学院であり、理論やデータアナリティクスも学んだ上で、実際のクライアントに対する実践も行います。

　私自身、大学院に入学するまでの10年間は実践メインで活動していましたが、この大学院での学びが、より専門性を高めることに繋がりました。

　卒業後も、ISO30414のリードコンサルタントや、ESG投資の学びなども続け、よりクライアントへ貢献できるように学びを深めています。

　推薦文もいただき多くの授業や書籍での学びをさせていただいた中原淳教授、立教大学統括副総長である石川淳教授。また人的資本経営を語る上で基礎となる人的資源管理について学ばせていただいた佐々木聡客員教授、櫻井功客員教授をはじめとした、ご指導いただいた全ての先生方に、深く感謝申し上げます。

　実は大学院の2年間は、妊娠〜出産の時期も重なっていたのですが、そんな中でも快く学びを続けさせてくださった事務局の皆さまや同期の方々にも、とても感謝しています。

　性別関係なく、30代は働きどき、育てどき、学びどきでもあります。

　このように、ライフイベントがあっても学びつづけられる環境があること自体が、本当に重要だと思います。

　人材育成・組織開発について学びを深めたい方には、大変おすすめの大学院です。

　また今回、素晴らしい事例をご提供いただいた、日本IBM株式会社代表取締役社長山口明夫様、キリンホールディングス株式会社 代表取締役副社長の坪井純子様、並びに2023年度まで副社長を歴任されてきた西村慶介様にも、深く感謝申し上げます。

　私自身、2010年、25歳で会社を創業して14年が経ちました。創業の原体験は、中学生まで遡ります。学校で児童養護施設に行ったことがきっかけとなり、そこから大学に至るまで、国内外30施設以上でのボランティアを行っていきました。とにかく人が好きで、子どもが好きで、中学生以来200人以上のベビーシッターを行ったり、介護予防やダウン症の子どものお絵描き教室のボランティア、ハンディキャップがある学生との交流会、認知症の高齢者のグループホームでの実習などの活動を行っていました。

　私がそこで感じたことは、「日本って生きづらいな」ということです。

北欧やオセアニアの諸国では、子どもがいても、高齢者になっても、ハンディキャップがあっても、**「その人たちが社会の構成員として存在する」ことが当たり前**であり、それぞれが自立（自律）することを前提に街の創り方も交通機関も、教育も、インクルージョンされた状態でした。

　一方、日本は**「健常者の大人」**の視点で社会が創られていて、その枠組みから外れた瞬間に「マイノリティ」になり、「サポートされる存在」になってしまうのだと感じました。

　多くの人が経験する、子育てや介護でさえも、当事者になったら、自分らしく働いたり生きていけなくなってしまう。それ以外の人は、更に隔離されるようになるという現実に、違和感を感じました。

　そんな社会はおかしい。どんな状態になっても、自分らしく生きて、働ける社会にしていきたい。そういった想いから、2010年にスリールという会社を創業しました。スリールとはフランス語で「笑顔」という意味。自分らしく笑顔で生きていく人を増やしたいという想いで名付けました。

　2010年に創業した当初は、ダイバーシティも女性活躍も、キャリア教育などの言葉も一般的ではありませんでした。そこから、少しずつ世の中は変化しているように感じます。

　ただ、まだもう一歩、強く推進していくことが必要だと考えます。

　そして、それは、正に今、強く動かすときだと考えています。

　会社の中でダイバーシティを進めている人には、是非**「自分がどうなっても、自分らしく生きられる会社、社会づくり」**をしているのだと自信と希望を持っていただきたいと思います。

　過去の時代が悪かったのではない。でも、より良い社会にしていく為に、共に活動を続けていきましょう。

堀江敦子

【著者紹介】

堀江敦子（ほりえ・あつこ）

スリール株式会社 代表取締役

立教大学大学院経営学研究科（博士前期課程／リーダーシップ開発コース）修了。ISO30414リードコンサルタント／アセッサー、千葉大学教育学部非常勤講師。

楽天株式会社を経て2010年にスリール株式会社を創業。企業向けには女性活躍・ダイバーシティ推進の研修・コンサルティングを実施。推進体制づくりやDEIポリシーの作成支援、女性管理職パイプライン構築に向けた各階層や管理職向けの研修などを提供している。女性活躍推進の分野にてトータルで企業の伴走支援を行う。

内閣府男女共同参画局 専門委員として第5次男女共同参画基本計画の策定に関わり、現在はこども家庭庁の有識者委員を務める等、行政委員を多数経験。行政・大学向けに実施しているライフキャリア教育事業（仕事と子育ての両立体験／ワーク＆ライフ・インターン）では、第5回経済産業省キャリア教育アワードを受賞。その他、日経ビジネス「チェンジメーカー10」、第9回若者力大賞「ユースリーダー賞」を受賞。日経BP Human Capital ONLINEで「女性活躍から始めるサステナブル経営」連載執筆。企業研修実績、メディア出演実績多数。

著書に『新・ワーママ入門』（ディスカヴァー・トゥエンティワン）がある。

女性活躍から始める人的資本経営
多様性を活かす組織マネジメント

2024年5月10日　初版第1刷発行

著　者 —— 堀江敦子
　　　　　　　©2024 Atsuko Horie
発行者 —— 張 士洛
発行所 —— 日本能率協会マネジメントセンター
〒103-6009 東京都中央区日本橋2-7-1　東京日本橋タワー
TEL 03(6362)4339（編集）／03(6362)4558（販売）
FAX 03(3272)8127（編集・販売）
https://www.jmam.co.jp/

編 集 協 力 —— 小野瀬わかな
装　　　丁 —— 西野真理子（株式会社ワード）
本 文 D T P —— 株式会社森の印刷屋
印 刷 ・ 製 本 —— 三松堂株式会社

ISBN978-4-8005-9194-4 C2034
落丁・乱丁はおとりかえします。
PRINTED IN JAPAN

経営戦略としての人的資本開示
HRテクノロジーの活用と
データドリブンHCMの実践

一般社団法人ＨＲテクノロジーコンソーシアム 編

本書はESG投資家が情報開示を切望する「人的資本」が国内外の政治経済の動向にどのような影響を与えているかを概観します。人的資本経営について体系的にわかりやすく理解できるガイドブックです。

A5判216ページ

[主な目次]
第1章　資本主義の大転換―人的資本が企業価値の源泉になる／第2章　人的資本開示の世界的潮流―欧州、米国、そして日本／第4章　会計学からのアプローチ―無形資産の価値をどう捉えるか／第5章　人的資本開示分析の方法論／第6章　企業価値向上のための3つの提言／事例編

日本能率協会マネジメントセンター